Cc

GW01451746

Giuseppe Culicchia

Torino è casa nostra

GLF Editori Laterza

© 2015, Gius. Laterza & Figli

www.laterza.it

Prima edizione maggio 2015

Edizione

8   9

Anno

2019   2020

Proprietà letteraria riservata
Gius. Laterza & Figli Spa, Bari-Roma

Questo libro è stampato
su carta amica delle foreste

Stampato da
SEDIT - Bari (Italy)
per conto della
Gius. Laterza & Figli Spa
ISBN 978-88-581-1719-4

a Francesco e Federico

Questa è una guida a Torino.
E Torino è Torino.
Non è una città come un'altra.

Giuseppe Culicchia, *Torino è casa mia*
(lo so che non si fa, ma io l'ho appena fatto)

Indice

Torino è casa nostra

Cronologia

X sec. a.C.   Una foglia accenna a muoversi, poi però cambia idea e non se ne fa niente.

IX sec. a.C.   Avanza una colonna di formiche francesi.

VIII sec. a.C.   Si ode un tuono.

VII sec. a.C.   La colonna di formiche, spaventata, si ritira.

VI sec. a.C.   Bzzzzzzzzz.

V sec. a.C.   Era un'ape.

IV sec. a.C.   Che grigiore, che noia. Possibile che in questo posto non succeda mai niente?

III sec. a.C.   «Noios, vulevon savuar: per andar dove dobbiamo andar, dove dobbiamo andar?». È spuntata una tribù di Taurini, evidentemente convinta di trovarsi a Milano. Alla fine i nuovi arrivati decidono di fermarsi e approntano un pic-nic tra il Po e la Dora. Ma non fanno in tempo a preparare la carne cruda della Granda tagliata al coltello, che si trova già malgrado Eataly non abbia ancora aperto i battenti, che arriva Annibale, e buonanotte suonatori.

154 a.C.   «Anvedi 'sti Taurini! Aho, e l'accampamento? 'Ndo lo famo? Qua?».

3

101 a.C.	«A fraté, sur pratone qua davanti ce stanno de nuovo 'sti Cimbri!». «E vabbè, mo' je menamo. Ma piuttosto dimme 'n po': e quell'artri?». «Quell'artri chi?». «'Sti Padani. 'Ndo stanno?». «Boh. E chi l'ha visti a 'sti cojoni?».
49 a.C.	«Ave Cesare! Legionari te salutant!».
28 a.C.	«Io me chiamo Augusto, e 'sta città la battezzamo Julia Augusta Taurinorum. Dice che sta tutta quadrata. E tte credo che sta tutta quadrata, l'avemo fatta sula pianta der accampamento, no? Dice poi 'n domani i torinesi a Milano se perderanno, perché Milano sta rotonda. Embé? Ma non ce lo sapete che basta procurasse er tom-tom?».
398	«Ego, Protovescovo Massimo, nuncio Vobis inaugurationem cattedralem. Non habemus pallam di vetro, et non possumus prevedere edificacionem Pallazzaccium. Amen».
568	«Noi essere Lonkopardi, ja? Noi rekvisire tutto, ja? Foi però tire noi: dove sono kvelli ti Patania? Patani apitanti ti Patania? Noi perkorsa tutta Patania, ma Patani non trofati».
773	«Oh mamma mamma mamma, oh mamma mamma mamma, sai che c'è? Ho visto Carlo Magno! Ho visto Carlo Magno! Ho visto Carlo Magno! Eh, mammà, a Desiderio ha fatto un gol!».
888	Si comunica ai gentili lettori che la Contea di Torino passa a Berengario I. Chi fosse a conoscenza di notizie utili a rintracciare i cosiddetti Padani abitanti della Padania è pregato di mettersi in contatto con la redazione.

X-XII sec.	«Mi sai nen, ambele sì as capis pì gnenti. Prima aiera l'imperatur, poei alè rivà al vescou, poei al feudatari, poei al sindic. Ancoei mia fumna à m'a dit che da la pennoira aia sentu che ai rivan 'sti Savoia. Ma chi ca sun 'sti Savoia? As poeul saveisi? Orri 'ncaminu a preocupemi, neh?».
1248	«Je suis Thomas II de Savoie et cet allemand sicilien de Friedrich II Stupor Mundi m'a donné cette petite ville, Turin. Si vous plait c'est comme ça, sinon c'est comme ça quand meme».
1252	«Ommi Signur!». «Chi a jè?». «Al Savoia. E alé pin d'armigeri, 'stu disgrasià!».
1255-76	Si rende noto ai gentili lettori che i torinesi si sono sbarazzati di Tommaso II con l'aiuto degli astigiani. Solo che poi arrivano prima gli Angioini e quindi Guglielmo VII del Monferrato. Se qualcuno venisse in possesso di informazioni utili a rintracciare i cosiddetti Padani abitanti della Padania è pregato cortesemente di mettersi in contatto con la redazione.
1280	Si rende altresì noto ai gentili lettori che Tommaso III di Savoia si è sbarazzato di Guglielmo VII del Monferrato ed è entrato in armi a Torino pure lui.
1343-83	«Je suis Amedé VI, dit le Conte Verde. Turin a besoin de son éspace vital. Je regarde à l'Est, comme Hitler. On prend Biella, et puis on verrà».
1404	Fondazione dell'Università di Torino. Ma non c'è da stare allegri. Si tratta infatti del seme che nel

giro di appena cinquecento e fischia anni porterà all'edificazione di Palazzo Nuovo.

1418   I gentili lettori sono pregati di abbassare la suoneria dei rispettivi cellulari. Si informa inoltre che Amedeo VIII, duca del Piemonte, convola a nozze con una duchessina milanese ricevendo in dote Vercelli e provincia. Tra i torinesi che d'estate visitano queste terre comincia a circolare una parola magica, 'Autan'.

1536   Una colonna di francesi, ma stavolta non si tratta di formiche, occupa militarmente la città.

1563   Emanuele Filiberto fa ritorno a Torino dopo che la capitale era stata spostata a Chambéry e trova un gran disordine.

1575   Torino si annette Asti e Saluzzo e pregusta i prossimi concerti di Paolo Conte.

1578   Emanuele Filiberto, toujours lui, già soldato sotto Carlo V con il grado di generale, porta a Torino la cioccolata e lancia il nuovo prodotto durante l'apericena organizzato per il matrimonio tra il figlio Carlo Emanuele I e Caterina d'Asburgo, figlia di Filippo II di Spagna.

1620   Carlo Emanuele II estende il ducato da Nizza a Ginevra, senza sospettare che un suo discendente, dopo essersi collegato in diretta da lì a *Quelli che il calcio*, lascerà la ridente cittadina svizzera e otterrà di poter tornare in Italia previa modifica della Costituzione repubblicana così da poter partecipare a *Ballando con le stelle*.

1678   Messer Antonio Ari diventa il primo cioccolataio

di Torino dopo aver ricevuto dai Savoia la prima autorizzazione per la vendita della cioccolata al pubblico. Da qui a tutto il Settecento Torino diventa l'epicentro europeo della produzione della cioccolata: durante il Secolo dei Lumi svizzeri, austriaci e francesi verranno in città per imparare il mestiere. Nasce il famoso slogan «Torino città laboratorio», dove per laboratorio si intende il locale dove si produce la cioccolata.

1706 Dato che i Savoia si sono schierati a fianco degli Asburgo, i francesi cingono d'assedio Torino. Pietro Micca impedisce loro di irrompere in città facendosi esplodere in uno dei cunicoli del sistema di fortificazioni. Grazie a lui, primo kamikaze della storia, inizia la passione tutta torinese per i record. Torino viene liberata grazie all'intervento delle truppe imperiali comandate dal principe Eugenio di Savoia, cui in seguito verrà intitolata la settima divisione alpina delle Waffen SS, la Prinz Eugen, e un centro sociale occupato, il Prinz Eugen. A tutt'oggi, il perdurante clima di ostilità tra ex nazisti e punkabbestia ha impedito un gemellaggio tra i reduci della Prinz Eugen e i reduci del Prinz Eugen.

1713 Grazie alla Pace di Utrecht, a Vittorio Amedeo II viene gentilmente elargita la Sicilia. Che però è un po' scomoda. «Senta, scusi, non è che la posso scambiare con la Sardegna?». «Ce l'ha ancora lo scontrino?». «Eccolo». «Allora non c'è problema». È dunque in Sardegna che i Savoia arruoleranno i loro granatieri. In Sicilia, sollievo generale.

1763   Apre i battenti il Bicerin, aggiudicandosi così il record di caffè storico più antico della città. Oltre a Cavour, lo frequenteranno, tra gli altri, Mozart, Nietzsche, Culicchia.

1780   Apre i battenti Fiorio, aggiudicandosi così il record di secondo caffè storico più antico della città. Oltre a Cavour, lo frequenteranno, tra gli altri, Nietzsche, Tomasi di Lampedusa e Culicchia.

1798   A Torino entrano le truppe rivoluzionarie francesi. In piazza Carlina viene eretta la ghigliottina, che in certi casi, forse, pensandoci bene, potrebbe tornare utile anche oggi. All'Hotel Dogana Vecchia, dove ha già soggiornato Mozart, soggiorna anche Napoleone. Vi soggiornerà in seguito anche Culicchia, con una tedeschina... vabbè, ma non pare questo il luogo in cui fare gossip.

1802   «Et nous proclamons l'annexion du Piedmont à la France!». Se le cose fossero rimaste così, Torino non avrebbe mai preso ad esempio Lione, e sarebbe stata presa ad esempio da Milano. O almeno da Cuneo.

1814-15   «Et nous proclamons la restitution du Piémont à Vittorio Emanuele I». Ma non solo: ai Savoia va anche Genova. Il dado è tratto: nel giro di un secolo e mezzo i torinesi inizieranno a fare le ferie in Liguria.

1831   Carlo Alberto lancia in aria una moneta: esce testa. Prende dunque il via il Risorgimento, checché ne dicano i Padani abitanti della Padania, che in ogni caso qui a Torino non li ha ancora visti nessuno, sarà che hanno investito in Tanzania.

1848   L'anno dello Statuto Albertino. Carlo Alberto, già che c'è, dichiara anche guerra all'Austria. In seguito alla sconfitta, il monarca abdica a favore di un noto viveur, Vittorio Emanuele II.

1859   Ci si allea ai francesi. L'Austria molla la Lombardia. La Francia si piglia Nizza e la Savoia. Nizzardi e savoiardi le saranno comprensibilmente grati nei secoli a venire.

1861   Proclamazione del Regno d'Italia. Torino è capitale. Un nuovo record va ad aggiungersi al già ricco palmares dei torinesi.

1863   L'architetto Alessandro Antonelli apre ufficialmente il cantiere di quella che diventerà celebre come la Mole Antonelliana, edificio destinato a simboleggiare Torino rendendo la vita facile a generazioni di pubblicitari nonché a finire sulle monetine da 2 centesimi. Anche se i torinesi ce l'hanno costantemente sotto gli occhi, la storia della Mole è ignota ai più. I lettori autoctoni e non sono perciò gentilmente pregati di recarsi in libreria e di acquistare una o più copie di *Ba-da-bum! (Ma la Mole no)*, testo fondamentale per porre rimedio a questa lacuna disdicevole.

1865   Torino non è già più capitale. Un nuovo record va ad arricchire il già sontuoso palmares dei torinesi. Al posto di Torino diventano capitale prima Firenze e poi Roma. I torinesi, giustamente risentiti, protestano. Negli scontri di piazza, che si tengono in piazza San Carlo, le truppe di linea compiono la prima strage di Stato dell'Italia già unita anche se non ancora repubblicana.

1875   Apre i battenti Baratti & Milano, aggiudicandosi così il titolo di terzo caffè storico più antico della città. Oltre a Gozzano, noto per aver dedicato una poesia alle torinesi che vi si danno appuntamento davanti a un vassoio di paste, lo frequenterà Culicchia.

1884   Grande Esposizione. In attesa di diventare una città postindustriale, Torino si converte all'industria.

1891   Nasce l'Internazionale Torino, primo club calcistico d'Italia, nuovo record che va a implementare il già esorbitante palmares dei torinesi.

1899   Giovanni Agnelli fonda la Fabbrica Italiana Automobili Torino, senza immaginare che un giorno molti giornali anche autorevoli pubblicheranno articoli e commenti incentrati sull'analisi delle valenze simboliche di un maglioncino.

1900   Primo Salone dell'Auto, nuovo record che va a gonfiare il già obeso palmares dei torinesi.

1904   Primi studi cinematografici, nuovo record che va a impreziosire il già strabordante palmares dei torinesi.

1906   Prima partita del Torino Football Club, società che nasce dalle ceneri dell'Internazionale Torino e che dunque è a tutti gli effetti l'erede del primo club calcistico della città: tiè.

1907	Apre i battenti Mulassano, aggiudicandosi così il titolo di quarto caffè storico più antico della città. Il locale diventerà celebre per l'invenzione del tramezzino. Tra gli altri, lo frequenterà Culicchia.
1915-18	Prima guerra mondiale. I Savoia tradiscono gli alleati germanici e si schierano con i più forti, inaugurando una breve ma consolidata consuetudine.
1937-38	La Fiat inaugura lo stabilimento Mirafiori senza poter prevedere che proprio le code ai cancelli di Mirafiori, riprese dalle telecamere della Rai Radio Televisione Italiana negli anni Cinquanta e Sessanta per raccontare in bianco e nero la grande emigrazione al Nord da parte di meridionali in cerca di lavoro, contribuiranno a formare nell'immaginario degli italiani l'idea che Torino sia una grigia città industriale, cosa di cui si convinceranno presto anche i torinesi malgrado abbiano sotto gli occhi le piazze auliche, i palazzi barocchi e il verde della collina.
1940-45	Seconda guerra mondiale. I Savoia stavolta si schierano con gli alleati germanici. Forse perché almeno all'inizio questi sono obiettivamente i più forti. Poi però entrano in guerra gli Stati Uniti e le forze dell'Asse vengono battute a Stalingrado ed El Alamein. Torino viene bombardata. Gli Alleati sbarcano in Sicilia. E dopo l'8 settembre del 1943, come da breve ma consolidata consuetudine, i Savoia tradiscono gli alleati germanici e si schierano di nuovo con i più forti.
1946	Dopo l'apposito referendum che segna la nascita della Repubblica, i Savoia vanno in esilio in Por-

togallo, Paese che peraltro all'epoca non è ancora diventato il famoso termine di paragone a cui nel giro di mezzo secolo faranno ricorso gli italiani: «Dopo di noi, c'è solo il Portogallo».

1950-60   Cesare Pavese si toglie la vita in una stanza dell'Albergo Roma in piazza Carlo Felice. Boom economico. Nelle case dei torinesi arrivano i primi televisori, i primi frigoriferi e le prime lavatrici. Ma anche i cosiddetti 'terroni' o 'napuli', ovvero gli avi degli attuali 'zarri' o 'zamarri' o 'tamarri' o 'zatamarri' che dir si voglia. Per le strade compaiono simpatici cartelli, dove si legge NON SI AFFITTA A MERIDIONALI. Per alloggiare i nuovi arrivati, che lì per lì finiscono nelle soffitte del centro storico prive di acqua, servizi igienici, riscaldamento, verranno tirati su in fretta e furia quartieri come Mirafiori, Falchera, Parella, Vallette, a loro volta privi di servizi, negozi, asili, biblioteche, illuminazione pubblica, collegamenti con il centro. L'esperienza, preziosa, verrà replicata a mezzo secolo di distanza con le varie Spine. Ah, però con l'illuminazione pubblica.

1960-70   I torinesi vanno in ferie sulle loro 500 soprattutto a Noli, in Liguria. In Curva Maratona nascono gli Ultras granata. Il Sessantotto inizia a Torino già nel 1967, con l'okkupazione di Palazzo Campana: il nuovo record va a sommarsi al già sesquipedale palmares dei torinesi.

1970-80   Il Toro allenato da Gigi Radice vince lo scudetto del campionato 1975-76 schierando la seguente formazione: Castellini Santin Salvadori; Pat Sala

Mozzini Caporale; Claudio Sala Pecci Graziani Zaccarelli Pulici. La contestazione prima e i cosiddetti anni di piombo poi segnano duramente la città. Con la marcia dei quarantamila quadri Fiat, cifra per la quale Norberto Bobbio coniò la celeberrima espressione «Esageruma nen», finisce la stagione delle lotte sindacali e inizia il lento ma sicuro declino della sinistra non solo torinese ma italiana. Dario Argento gira in parte a Torino *Profondo rosso*: ogni volta che gli capiterà di tornare in città, anche trenta o quarant'anni dopo, ci sarà almeno un giornalista a ricordarglielo.

1980-90   La giunta di sinistra che regge la città cade a causa di uno scandalo finanziario che coinvolge i socialisti, anticipando nettamente Mani Pulite: il nuovo record va a rimpinguare l'immarcescibile palmares dei torinesi. Canale 5 acquista le frequenze di Tele Torino International, di modo che ora in città è possibile vedere *Dallas*. Concerto dei Ramones al Parco Ruffini. Viene okkupato un asilo in via Passo Buole che d'ora in poi si chiamerà El Paso. Ai Murazzi nascono Il Dottor Sax e Giancarlo. Finalmente gli sfiniti sanno dove andare.

1990-2000   Crisi della Fiat e ultimo Salone dell'Auto. Arrivano di nuovo i francesi ma stavolta per aprire locali come la Bicyclette o il FreeVolo. Prende il via con sfratti e sgomberi la cosiddetta riqualificazione del Quadrilatero Romano, che da zona popolare dove si spaccia eroina diventerà zona fighetta dove si pippa cocaina. In città si torna a fare cinema, o almeno a girare qualche film. Baricco scrive sulle pagine locali di un quotidiano che il Toro non scenderà mai più in serie B. Iniziano gli anni più bui nella storia della squadra granata, continuamente retrocessa nella categoria inferiore.

2000-2004   I Savoia tornano a Torino, ma solo in visita. Sui muri della città fioriscono scritte inneggianti a Gaetano Bresci. Scomparsa di Gianni e Umberto Agnelli. Il compito di salvare la Fiat viene affidato a Luca Cordero di Montezemolo e John Philip Elkann. Intanto la sinistra cittadina si lacera: non sul futuro degli operai di Mirafiori, ma su quello di uno stabile abitato nel secolo precedente da Antonio Gramsci in piazza Carlina, che da casa popolare dovrebbe trasformarsi in albergo a cinque stelle: in realtà diventerà un condominio di lusso. Torino è invasa dai cantieri per la metropolitana e per gli edifici che ospiteranno le Olimpiadi Invernali del 2006, che in un primo momento registrano un buco di bilancio di 200 milioni di euro, cosa che porterà al commissariamento del Toroc, l'organismo designato all'organizzazione dei Giochi. Capolavori di architettura industriale come le fabbriche Michelin e Teksid vengono rasi al suolo per edificare condomini che dovrebbero riempirsi di milanesi. In piazzale Valdo Fusi viene edificato un parcheggio destinato a dare sicura immortalità agli architetti che l'hanno progettato e agli amministratori che l'hanno approvato. Baricco lascia Torino. In compenso arriva Eva Herzigova.

2005   I torinesi fremono in attesa dell'inaugurazione della metropolitana, destinata a essere inaugurata ad appena cento e quarantadue anni di distanza rispetto a quella di Londra, senza prevedere che trattandosi di una metropolitana di nuovissima concezione basterà la pioggia a fermarla. I torinesi fremono altresì aspettando le prossime Olimpiadi Invernali, anche perché da almeno un paio di decenni a questa parte a Torino e dintorni nevica notoriamente pochissimo.

2006   Forse anche grazie alle righe che avete appena letto, durante le Olimpiadi Invernali a Torino nevica tantissimo. La manifestazione, ripresa in mondovisione, viene vista anche dai torinesi che grazie alla Nbc scoprono di vivere in una bellissima città. Decidono dunque di visitarla e restano basiti constatando che Torino è in effetti non grigia ma a colori.

2007   Mentre grazie a John Elkann e Sergio Marchionne la Fiat risorge, l'altra squadra cortesemente ospitata in città finisce per la prima volta nella storia in serie B: non per broccaggine, come accade spesso al Toro, ma per illecito sportivo. L'evento si tramanderà di padre in figlio tra i tifosi granata per tutte le generazioni a venire: spiace solo, e tanto, per quelli che non ci sono più, e non hanno potuto assistere all'Evento.

2008   Torino si scopre la città più indebitata d'Italia, oltretutto in derivati. Grazie all'effetto dei Giochi, in città cominciano ad arrivare parecchi turisti, addirittura dalla Toscana. I ristoranti si dotano di menù in inglese, tedesco, francese, cuneese. Intanto in città ferve il dibattito sui grattacieli di Regione e Banca Intesa San Paolo: potranno o non potranno superare in altezza la Mole? Alla fine non potranno, con grande scorno di Massimiliano Fuksas e Renzo Piano ed enorme soddisfazione di Alessandro Antonelli.

2009   In città ferve il dibattito su come riutilizzare l'area delle Ogr, o Officine Grandi Riparazioni delle ex Ferrovie dello Stato. Intanto viene fuori che il progetto della nuova biblioteca civica, voluta da un assessore alla Cultura del Comune e affidata a un architetto milanese e destinata a surclassare nientemeno che il Centre Georges Pompidou di Parigi, non si farà: non ci sono i soldi. Peccato che per il solo progetto si siano spesi circa venti milioni di euro. Tra i problemi più urgenti, gli effetti della cosiddetta movida sui torinesi che ancora lavorano e vorrebbero poter dormire. Il sindaco Chiamparino dichiara ufficialmente in un dibattito che «il futuro della città sta nel connubio tra movida e industria». C'è chi propone una soluzione radicale: cambiare il nome alla cosiddetta movida. Cosa che certi gggiovani 'avanti' hanno già fatto: la chiamano, al maschile, «devasto».

2010   In città ferve il dibattito sui preparativi per le celebrazioni del centocinquantesimo anniversario dell'Unità d'Italia. L'assessore alla Cultura del Comune diventa ufficialmente assessore alla Cultura e al Centocinquantesimo dell'Unità d'Italia.

Ci si scervella intanto per trovare qualcos'altro da celebrare: si tratta del cosiddetto 'effetto Giochi'.

2011   Torino festeggia i 150 anni dell'Unità d'Italia. La città è pavesata di bandiere tricolori come nessun'altra. I torinesi continuano a stupire se stessi scoprendosi più italiani dei toscani e di chiunque altro. Viene approvata la Variante 200 al piano regolatore, così da fare cassa e soddisfare il trasversale Partito del Cemento. Inaugurato in pompa magna il nuovo polo universitario nell'ex area del gasometro. Peccato che sul momento gli studenti facciano notare come l'aria condizionata resti accesa anche quando fa freddo.

2012   In città ferve il dibattito sui tagli alla cultura. Intanto i tagli hanno già colpito biblioteche, asili, servizi per gli anziani e disabili. Il servizio di pulizia delle strade risulta sospeso da mesi. Intanto per il Palazzo del Lavoro progettato da Pier Luigi Nervi per il Centenario dell'Unità d'Italia nell'ottica di farne un polo universitario e lasciato arrugginire per oltre mezzo secolo viene infine trovata una brillante soluzione: diventerà un centro commerciale nel cuore della città che detiene il record di centri commerciali in Italia, record che obesizza ulteriormente il già pantagruelico palmares dei torinesi. Nel frattempo per riqualificare il quartiere di San Salvario, noto tra le altre cose per lo spaccio e la prostituzione, si decide di non seguire l'esempio di Bogotà, che ha risolto il problema con una grande biblioteca pubblica diventata centro culturale e luogo di aggregazione, ma rilascia licenze commerciali a manetta. La cosiddetta movida trasloca dunque qui.

2013   In città ferve il dibattito sulle buche che caratterizzano le strade torinesi, anche perché intanto si registra la prima vittima, un pensionato che inciampando in una di tali buche cade battendo la testa e muore. Le richieste dei cittadini di San Salvario, che chiedono di non trasformare il Palazzo del Lavoro nell'ennesimo centro commerciale, vengono ignorate. Tuttavia la Corte dei Conti blocca il progetto. A nessuno però viene in mente di farne un polo universitario, come nelle intenzioni di Nervi. Intanto viene fuori che la Fiat diventerà sempre più americana.

2014   In città ferve il dibattito su come tirare a campare, vista la crisi e i buchi di bilancio della Regione e la cassa integrazione e le saracinesche abbassate di PAISSA in piazza San Carlo ma non solo eccetera. Ma si tratta di un dibattito all'insegna dell'*understatement*, nel senso che stando alle dichiarazioni ufficiali a Torino tutto va bene, fermo restando che il Paese va maluccio e Torino è in Italia. Sta di fatto che non ci sono nemmeno i soldi per sostituire le pietre che continuano misteriosamente a rompersi in piazza Castello, per cui la pavimentazione del luogo più simbolico della città è una sorta di patchwork a base di catrame.

2015   In città ferve il dibattito su come celebrare il decimo anniversario delle Olimpiadi Invernali.

2016   Decimo anniversario delle Olimpiadi Invernali.

Intro

A un certo punto della storia del genere umano, stando a quanto si è letto sui giornali, gran parte degli italiani non è più andata in vacanza. Era iniziata ufficialmente la crisi più grave dal 1929, e di conseguenza si era costretti a restare in città. È così che noi torinesi ci siamo ritrovati ad avere un enorme vantaggio sui nostri connazionali: Torino aveva scoperto solo di recente la sua vocazione turistica. Perciò la maggior parte degli italiani non c'era ancora mai stata, in vacanza. A cominciare da noi torinesi, che finora, per le nostre vacanze, chissà perché avevamo sempre scelto altre località. Da lì in poi, invece, optando per Torino avremmo potuto stupire innanzitutto noi stessi, ma anche i nostri amici e parenti che vivevano altrove. Io, per esempio, un giorno ho chiamato un amico carissimo che sta a Roma.

«Tu quest'anno in vacanza dove vai?», gli ho chiesto.

E lui: «Macché vacanza e vacanza, con 'sta crisi che c'è sto a Roma. E tu?».

«Io no, per carità, Roma è meravigliosa ma in vacanza ci sono già stato più volte. Quest'anno ho deciso di cambiare meta: vado a Torino».

«A Torino?».

«Sì. Perché, non lo sai che Torino ora che ha scoperto la sua vocazione turistica è una delle località più gettonate?».

«Beh, in effetti ne avevo sentito parlare. Però scusami, tu a Torino ci abiti».

«E certo che ci abito. Ma non ci sono mai stato in vacanza».

«A dire il vero, manco io».

«E allora vedi? Non te la faresti tu una vacanza a Torino?».

«Altroché se me la farei, l'hai detto tu che è una delle località più gettonate».

«Bravo. E se te la faresti tu una vacanza a Torino, perché non me la dovrei fare io?».

«In effetti... allora buona vacanza».

«Grazie».

Certo, non tutti hanno la fortuna di vivere a Torino e possono dunque permettersi di fare le vacanze a Torino. Sta di fatto che, dovunque si viva, ci si può organizzare in almeno due modi diversi.

Il primo modo di fare le vacanze nella propria città consiste nell'aggirarsi in un quartiere che non si conosce. È tutto sommato la soluzione più semplice, nel senso che non richiede alcun camuffamento e consente di scoprire realtà ricche di sorprese. Un torinese che abiti in centro potrà dunque fare le vacanze alle Vallette, un milanese che risieda a Brera potrà scegliere Quarto Oggiaro, un napoletano di Posillipo spingersi a Scampia, un palermitano con casa in via Libertà optare per lo Zen, eccetera. E viceversa, naturalmente.

Il secondo modo di fare le vacanze nella propria città consiste invece nel farle addirittura nel proprio quartiere: che poi, volendo, a pensarci si tratta di una nuova versione delle vacanze cosiddette estreme. Ecco dunque che in questo caso il camuffamento può rendersi necessario, almeno se si risiede in un quartiere di quelli in cui c'è ancora vita di quartiere, e quindi ci si conosce un po' tutti, e ci si saluta, cosa che obiettivamente non contribuisce a creare un clima vacanziero, specie per i tanti italiani che fino all'altro ieri andavano in vacanza in Kenya o alle Seychelles. Bastano un impermeabile, la classica barba finta, un paio di occhiali, se si vuole strafare una parrucca, ed ecco risolto il problema. All'inizio, proprio il fatto di uscire di casa camuffati potrà aiutare questi adepti della vacanza estrema a vedere con altri occhi le solite vie e piazze e gli abituali bar e ristoranti, anche per via dell'inevitabile tensione che proveranno incrociando come ogni giorno la portinaia, il giornalaio o il tabaccaio: «E adesso? Mi riconoscerà o non mi riconoscerà? E se mi riconosce, che dico per giustificare il fatto che mi sono conciato così?».

Vabbè. Per tornare a Torino, a noi torinesi qualcosa di simile è successo nel 2006, quando la nostra città ha ospitato le Olimpiadi Invernali. In quell'occasione, infatti, ci siamo sorpresi a constatare quanto Torino fosse apprezzata da chi, arrivando da fuori, la vedeva per la prima volta. E, per la prima volta, anche noi l'abbiamo vista con occhi diversi, apprezzando luoghi e colori che fino al giorno prima davamo per scontati, al punto da non vederli più. Ecco: non sarebbe male se, approfittando giocoforza del fatto che non possiamo più permetterci di andare in vacanza altrove, tornassimo a guardare le nostre città con lo stesso stupore con cui visitiamo i luoghi delle nostre vacanze. Senza contare che ormai i luoghi delle nostre vacanze di solito li abbiamo già visti e stravisti prima ancora di averci messo piede, complici il Web e la civiltà delle immagini. Mentre davvero quelli in cui viviamo non li vediamo più. E riscoprirli potrebbe valere molto più del prezzo del biglietto (anche perché stavolta è gratis).

È con questo spirito che, malgrado la crisi fosse di là da venire, poco più di dieci anni fa ho scritto *Torino è casa mia*. Un libro nel quale ho cercato di raccontare la città in cui vivo spogliandola degli stereotipi che da sempre saltavano fuori al solo nominarla, e dunque partendo proprio da quelli. Il caso ha voluto che intanto, mentre scrivevo, la città avesse cominciato a scrollarseli di dosso pure lei, quegli stereotipi. Risultato: da «grigia città industriale», nonché «laboratorio», nonché «culla dell'Azionismo», nonché capace di coniugare la «cultura operaia» con il «catalogo Einaudi», Torino ha fatto un triplo salto mortale carpiato e tra un'Olimpiade e una cementificazione... pardon, una riqualificazione urbana, si è magicamente trasformata nella «città della movida». Di modo che in un amen è nato anche l'apposito comitato antimovida. Forse perché la famosa cosiddetta movida è democratica, nel senso che non fa dormire nessuno, né chi la pratica né chi la subisce. Non a caso nacque a Madrid proprio con la fine del franchismo e l'avvento della democrazia, anche se all'epoca, si era all'inizio dei mitici o se preferite famigerati anni Ottanta, per movida madrilena si intendeva non solo l'ubriacatura collettiva che animava nottetempo strade e piazze di quella città, ma anche un vero e proprio movimento culturale, con una rivista dal nome appropriato («La Luna») e una serie di artisti e personaggi di riferimento, da Carmen Maura a Pedro Almodóvar.

Poi si sa come sono andate le cose. La movida formato export ha preso piede nei luoghi più disparati, scaldando le notti di innumerevoli altre città e località di mare europee e non. Solo che la parte culturale è passata per così dire in secondo piano, a meno che per cultura non si voglia intendere il dj che già all'ora dell'aperitivo spara 'a palla' il remix house di *Ciuri Ciuri Ciuri di Tuttu l'Annu*, tra ululati di giubilo, manine al cielo e cravatte annodate intorno al cranio, e tra praticanti ci si è concentrati su due ingredienti peraltro compresi anche nella ricetta originale, leggi cocaina e botellón. Risultato: nella già austera Torino, prima i Murazzi, poi il Quadrilatero, poi piazza Vittorio, poi San Salvario e infine Vanchiglia sono diventati dei veri e propri non-luoghi, non perché l'ultima variante al piano regolatore li abbia trasformati in centri commerciali o aeroporti, ma perché ormai intercambiabili per 'stili di vita' e 'modelli culturali' all'insegna del 'vale tutto' con i Navigli milanesi o con la zona di Campo de' Fiori a Roma oppure, da non credere, con il veneziano Campo Santa Margherita.

Il problema è che nei non-luoghi individuati da Marc Augé, tra i quali per l'appunto centri commerciali e aeroporti, transitano masse sospinte dal desiderio di consumare in modo frenetico o accelerare gli spostamenti, ma nessuno vi abita. Nei non-luoghi della movida, invece, abitano migliaia di persone che di giorno, magari precariamente, lavorano, e che durante le ore notturne hanno un grande e ovviamente legittimo bisogno di riposo. Un bisogno reso impossibile dagli usi e costumi adottati dai praticanti della movida, identici a ogni latitudine e – come dire? – non di rado un filo sopra le righe, malgrado i patetici inviti della serie LA GENTILE CLIENTELA È PREGATA DI NON FARE SCHIAMAZZI apposti dai gestori dei locali della movida fuori dai medesimi. Così, chi abita nei non-luoghi della movida reagisce con telefonate alle forze dell'ordine, lettere ai giornali, petizioni, raccolte di firme, gavettoni, e talvolta bastonate o coltellate, anche se non necessariamente in quest'ordine. Chi pratica la movida, invece, aumenta subito il volume, passando ai cori da stadio e talvolta prendendo a sassate chiunque si affacci a una finestra o indossi un'uniforme. E ogni tanto un sindaco firma un'ordinanza in cui l'orario di chiusura dei locali viene anticipato a mezzanotte. Segue allora immancabilmente il 'dibbbattito' tra chi sostiene il diritto al riposo e chi parteggia per il diritto alla movida, con conseguenze a un tempo esilaranti e tragiche: vedi il caso di Sergio Cofferati, che da primo cittadino di Bologna anni fa si beccò immediatamente del 'fascista'. Va da sé che non si tratta di una questione di ordine pubblico, ma antropologica. Il «buon tuono», scriveva Leopardi, è ignoto agli italiani. Quanto ai non-luoghi di Augé, sono proiettati solo sul presente. E dato che lo stesso vale per i non-luoghi della movida, occorre prenderne atto. Il nostro presente è quello che è. Da più di trent'anni a questa parte, lo raccontano magistralmente innanzitutto i Vanzina.

Detto questo, Torino è davvero molto cambiata nel corso degli ultimi anni, più di quanto sia cambiata qualsiasi altra città italiana, e dunque *Torino è casa mia* aveva bisogno di qualcosa di più di una rinfrescata. Così mi sono detto che forse valeva la pena di riscriverlo daccapo. Anche perché se uno oggi come oggi scende ai Murazzi pensando di trovarci i Murazzi, voglio dire i Murazzi a cui eravamo abituati, o se preferite i Murazzi d.G., che sta per 'dopo Giancarlo', beh, potrebbe rimanerci male. O bene, dipende dalle aspettative, dagli stili di vita e dai punti di vista. Per dire: dalle parti della Crocetta è sparito un garage dall'entrata in stile liberty. A Porta Palazzo è spuntato il PalaFuk... pardon, il Centro Palatino. Gli intonaci colorati delle facciate degli edifici del Villaggio Olimpico sono già scrostati. Via Lagrange è stata chiusa al traffico alla pari di via Garibaldi e di via Carlo Alberto e addirittura di via Roma. L'altra squadra, quella che gioca a Venaria, non sta più in serie B.

Ma non solo. Perché al contrario di un tempo, un tempo

abbastanza recente, Torino è diventata altro da sé nell'immaginario collettivo degli italiani. Ho perso il conto delle volte che, eravamo ancora nel secolo scorso, quando presentavo uno dei miei libri in un'altra città italiana e dicevo che ero di Torino mi sentivo rispondere: «Oh, poverino». A un certo punto, invece, eravamo già nel nuovo millennio, la reazione è diventata: «Ah, che fortuna!». A Roma, nella redazione di una radio, mi sono sentito dire che tanti ragazzi della Capitale oggi sognano di venire a vivere a Torino come negli anni Settanta sognavano di andare a studiare a Bologna. Roba da non credere. Ancora ancora, avessero voluto venire a *studiare* a Torino come già a Bologna. Ma loro no: vogliono venirci a *vivere*. Vivere. Vivere a Torino. Nell'ex città-fabbrica che città-fabbrica non è più e che, a ben vedere, non è mai stata. E che, questa è davvero grossa, anche se in realtà non c'è troppo da stare allegri non si vergogna più di divertirsi.

Già: perché i torinesi si sono sempre divertiti, ma una volta... si vergognavano di farlo sapere. Avevano un'immagine pubblica a cui attenersi. Erano militari. Operai. Intellettuali. Gente abituata alla disciplina e all'autodisciplina. Anche per questo a Torino si sono sempre fatte tante feste private. Molto private. In questa città Roberto D'Agostino non sarebbe mai riuscito a recuperare abbastanza materiale per il suo *Cafonal*. Vuoi per lo stile, certo, che in riva al Po è differente rispetto a quello che impera in riva al Tevere o dalle parti dei Navigli. Ma anche per l'oggettiva difficoltà a intrufolarsi in determinati ambienti e circoli e luoghi: perché se non hai frequentato lo stesso liceo del padrone di casa, col piffero che t'invitano. Già, funziona così, ha sempre funzionato così e funzionerà sempre così. Noi le regole che informavano la vita nelle caserme e nelle fabbriche ce le portiamo dentro

25

di generazione in generazione, anche se ormai parecchie di quelle caserme e gran parte delle fabbriche sono state chiuse o addirittura rase al suolo. Però, è successo qualcosa: perché oggi come oggi i torinesi non si vergognano più di divertirsi. Peccato che al momento non ci sia molto di cui divertirsi. Ma passerà.

Dopodiché, rispetto a *Torino è casa mia*, questa *Torino è casa nostra* è anche una storia orale della città, perché in questo volume parlano tanti torinesi: uno che a Torino fa il cioccolato, una che fa l'ostetrica, uno che pulisce il fiume, una che tiene in ordine i giardini, uno che si prende cura degli ammalati, una che ha aperto un locale dove si mangia tedesco, uno che ne ha aperto un altro dove si mangia siciliano... Quando uscì *Torino è casa mia* a un certo punto mi chiesi perché mai non si potesse creare un sito web dove tutti i torinesi potessero raccontare la loro Torino a partire dall'idea che fosse la casa dove vivevano. E così qualcuno di loro me lo sono andato a cercare. Purtroppo non potevo far parlare qui poco meno di un milione di persone. Quelle che mancano facciano sentire in qualche modo la loro voce. Sono certo che hanno un mucchio di cose da dire sulla loro città. Mia. Nostra. Vostra.

L'ingresso

Dove Porta Nuova, edificata in origine su progetto degli architetti Carlo Ceppi e Alessandro Mazzucchetti, è cambiata come cambiano oggi le grandi stazioni, ovvero si è riempita di negozi identici a quelli che si trovano alla Centrale di Milano o a Roma Termini, e dei suoi barbieri non è rimasto che il ricordo, almeno per chi se li ricorda.

Nel Novecento, a Torino si arrivava a Porta Nuova. Chi a bordo di semicingolati, vedi le colonne di tedeschi nel settembre del 1943, chi con la famosa valigia di cartone, vedi le tribù di meridionali nel decennio successivo, e scrivo tribù non perché fossero selvaggi ma perché erano italiani, e noi italiani siamo un popolo tribale, dove la tribù corrisponde alla famiglia, ieri numerosa e oggi allargata, fermo restando che oggi Torino è la capitale italiana dei cosiddetti single, riconoscibili dal fatto che quando entrano al supermercato cercano di darsi un tono – non si sa mai, nel reparto latticini potrebbero incontrare l'anima gemella – e quando escono con la loro spesa fatta di monoporzioni hanno un'aria un po' afflitta, già.

Sta di fatto che intanto Porta Nuova non è diventata una spiaggia, come da proposta dell'architetto Maurizio Zucca, anche se in realtà nel medio periodo i mutamenti climatici potrebbero provvedere, ma un centro commerciale come tante altre stazioni. Cosa che la rende simile, se non identica, alle medesime, e contribuisce non poco alla sua iscrizione d'ufficio alla voce 'non-luoghi', di cui si è detto sopra. Porta Nuova, che da ultimo è oggetto di lavori di restauro che paiono andare piuttosto per le lunghe, resta uno dei *topoi* che hanno fatto la storia della città. Ma il futuro, almeno in quanto a ingressi ferroviari, pare stia altrove. A Porta Susa.

Ecco: a Porta Susa occorre arrivare sempre con un po' di anticipo, vista la distanza a cui si trova la biglietteria, almeno se si è abituati alla stazione originaria. E non bisogna mostrarsi riluttanti all'idea di sedere sui gradini delle scale che portano all'atrio, vista la totale assenza di panchine e/o sedie e/o divani e/o poltrone e/o sdraio e/o materassini gonfiabili e/o cuscini e/o puff. Poi per carità, tutto è possibile: e magari adesso che voi state leggendo queste righe, ci sono. Ma nel momento in cui io le scrivo, no. Non ci sono. Ho girato in lungo e in largo. Ho guardato dappertutto. Niente. Zero. Macché. Eppure servono. Sono di pubblica utilità. Chi non ne ha approfittato, arrivando un po' troppo in anticipo o aspettando l'arrivo di un amico, un amore, un parente? Sto parlando, anzi scrivendo, di panchine e simili nella nuova e scintillante stazione di Porta Susa. Che sarà anche un'opera d'arte, come si intuisce da una targa apposta in un sottopassaggio, e che però non consente ad alcuno di sedere nell'enorme atrio luminoso. Le panchine, a Porta Susa, stanno soltanto sotto, lì dove passano i binari e si fermano o transitano i treni, ovvero dove in molti a dire il vero preferiscono non sostare, vuoi per le luci al neon, vuoi per l'aria che proprio cristallina non è.

Così chi arriva in stazione con un po' di anticipo, si tratti di partire o di accogliere qualcuno, e desidera sedersi nell'atrio, ha solo due alternative. La prima è a pagamento, nel senso che ci sono i tavolini dei seminascosti caffè della stazione. La seconda è *aggratis*, come si dice, anche se in effetti non si addice: perché si tratta di poggiare le terga sui gradini in pietra delle scale che dal marciapiede di corso Bolzano scendono fin giù. Ora, vero è che la stazione già più che inaugurata è tuttora in attesa di attività commerciali che la rendano meno desolata, almeno mentre scrivo. E chissà, magari c'è chi si chiede se per caso le panchine lì nell'atrio non ce le abbiano messe per non attirare i barboni che albergavano nella sala d'attesa della vecchia stazione. E però c'è chi ha l'artrite e chi l'artrosi, chi è reduce dalla frattura di una caviglia e chi di una rotula, e anche chi semplicemente vorrebbe leggersi il giornale.

Insomma: da che mondo è mondo, in tutte le stazioni almeno una panchina c'è. Ne ricordo una perfino nella stazione minuscola di Grosso-Villanova, più o meno a metà di quella Torino-Ceres o Ciriè-Lanzo che a giorni alterni si medita di chiudere. Per tacere dell'approdo naturale dei treni in partenza da Porta Susa, ovvero Milano Centrale, in cui i posti a sedere certo non mancano. Tuttavia la speranza è l'ultima a morire. Le panchine, nell'atrio della nuova e scintillante Porta Susa, prima o poi arriveranno. Ne sono sicuro. Più o meno.

E comunque, in quanto ingresso, Porta Susa è uno di quei luoghi in cui il viaggiatore, magari proveniente dall'estero, talvolta può azzardarsi a chiedere una qualche informazione. Un giorno, dato che non disponevo di un documento di viaggio e non mi andava di procurarmene uno usando le apposite macchinette automatiche, ho optato per la sopracitata biglietteria: il giorno che tutti dovessimo usare le macchinette automatiche oltretutto non ci sarebbe più lavoro per gli impiegati addetti al rilascio dei biglietti, e di questi tempi non è davvero il caso.

Una volta all'interno della biglietteria, ho preso il numero come dal panettiere o dal macellaio, cosa che di per sé mi è parsa già un progresso notevolissimo rispetto alla stazione vintage. E mentre ero lì che aspettavo, va da sé in piedi, perché non c'è dove sedersi neppure nella biglietteria, a meno naturalmente di non portarsi dietro una di quelle sedioline da pescatori che si trovano nei negozi di caccia e pesca, controllando la posta elettronica sul telefono, a un tratto ho sentito la frase: «Qualcuno per caso sa l'inglese?». Ho alzato gli occhi dallo schermo del telefono, e ho individuato il punto da cui provenivano quelle parole. Le aveva pronunciate un'impiegata della biglietteria. Di fronte a lei, sostava una ragazza straniera con un impermeabile bianco e uno zaino nero. Ai suoi fianchi invece, voglio dire ai fianchi dell'impiegata, non della ragazza, c'erano altri quattro impiegati delle ferrovie, ma nessuno di loro sapeva aiutare la collega. «Qualcuno sa per caso l'inglese?», ha ripetuto questa, rivolgendosi alle persone in attesa del loro turno. La ragazza straniera, intanto, si guardava attorno smarrita. A quel punto si è fatto avanti un ragazzo dalle fattezze orientali. Lui sì, per fortuna, sapeva l'inglese. Così, la ragazza straniera con l'impermeabile bianco e lo zaino nero ha potuto ottenere le informazioni di cui aveva bisogno. E Torino, che come recitava lo slogan di qualche anno fa è com'è noto ALWAYS ON THE MOVE, ha mostrato il suo nuovo volto di città pronta ad accogliere gli agognati turisti. Grazie a un torinese dalle fattezze orientali, tipico esemplare di *bugia nen*.

Ora, come sappiamo, l'aeroporto di Torino non sta a Torino ma a Caselle. E Caselle ha almeno due pregi: è uno dei luoghi in cui ancora oggi, malgrado i mutamenti climatici in corso che stanno trasformando l'Italia in un Paese più o meno tropicale, la nebbia che storicamente contraddistingueva la Pianura Padana non dà segni di tregua, cosa che da sempre la rende una località ideale per piazzarvi un aeroporto; e, cosa non secondaria ora che siamo entrati nel Terzo Millennio, non è raggiungibile in treno dal centro di Torino. Cosa che costituisce di certo un pregio per tutti gli appassionati di viaggi in pullman o per chiunque possa permettersi di spendere cifre piuttosto considerevoli da destinarsi alla voce taxi o parcheggio, e anche va da sé per coloro che amano raggiungere l'aeroporto in bicicletta o in triciclo, sullo skate o in rollerblade, oppure praticando il Nordic Walking. Per gli altri, che forse sono la maggioranza, il fatto che raggiungere l'aeroporto in treno comporti raggiungere prima la stazione Dora ovvero spingersi fino in via Stradella, che come si intuisce dalla denominazione non è tra le principali arterie cittadine, non rientra invece precisamente tra le cose per cui andare fieri dell'ex capitale sabauda. Sta di fatto che l'unico momento di vera gloria di corso Giulio Cesare, viale non troppo *glamourous* che dalla superstrada per l'aeroporto arriva a Porta Palazzo sfiorando la Falchera e attraversando quartieri come Barriera di Milano e Aurora, è coinciso con il periodo ormai mitico delle Olimpiadi Invernali del 2006, quando al posto degli abituali spacciatori vennero sistemate altrettante fioriere, così da rendere più gradevole l'arrivo in città di autorità, atleti e delegazioni. Poi però, finite le Olimpiadi, le fioriere sono sparite e gli spacciatori sono tornati al lavoro. L'unico che non risenta della crisi, si direbbe.

Proprio lì, all'inizio di corso Giulio Cesare, o se volete al fondo, dipende da come lo si guarda, da qualche anno in qua una copia della Sfinge accoglie chi arriva a Torino dall'A4, ovvero dall'autostrada Torino-Milano, che da quando sono iniziati i lavori di ampliamento si è messa in testa di imitare la Salerno-

Reggio Calabria non in fatto di paesaggio ma in quanto a tempistica dei cantieri, diventati subito 'eterni'. La Sfinge se ne sta lì per evocare la presenza a Torino del Museo Egizio, che fresco di 'restyling', come usa dire, è tra le 'location', nevvero, più gettonate da parte dei turisti. Ma l'effetto è indubbiamente in stile Las Vegas. Del resto, viviamo in un'epoca in cui, non solo in Italia, non solo in Europa, non solo in Occidente, le città sono sempre più pensate alla stregua di luoghi d'intrattenimento: come scriveva all'alba del nuovo millennio Bruce Bégout in *Zeropoli. Las Vegas, città del nulla* (Bollati Boringhieri, Torino 2002), l'urbe nel deserto del Nevada è organizzata in funzione del divertimento e dello shopping, e prevede un'animazione che non conosce soste, come usa dire, 'h24', con architetture va da sé assai kitsch capaci di mixare seduzione commerciale e immaginario infantile, «offerta rituale al dio Divertimento e cimitero di insegne, trasfigurazione del banale e infinita variazione sul tema, sublimazione del grottesco al di là del bello e del brutto, Sogno Americano». Ed è proprio a questo modello di città non più fortezza o polo commerciale o industriale ma vero e proprio parco giochi in stile Disneyland, nel frattempo esportato nel resto del globo con la complicità di costruttori e 'archistar', che si ispirano le città che come Torino hanno un glorioso passato manifatturiero, un confuso presente e un incerto futuro. Del resto, al concetto di cittadini si è sostituito, com'è noto, quello di consumatori, anche di eventi. Mentre, da un punto di vista generazionale, ormai siamo tutti adolescenti, dagli otto agli ottant'anni. E se da un lato la pubertà arriva in anticipo rispetto a un tempo, abbreviando l'infanzia e dando luogo alla cosiddetta 'adultizzazione precoce', dall'altro si assiste al prolungarsi estenuato della giovinezza, per cui non è raro sentir dire di un sessantenne che è 'ancora giovane'. Insomma: viene in mente, inoltrandosi tra questi mutamenti sociali e urbanistici e queste generazioni confuse, Alexis de Tocqueville, quando scriveva: «Il tipo di oppressione da cui sono minacciati i popoli democratici non somiglia a nulla di ciò che è avvenuto in precedenza. Voglio immaginare sotto quali nuove sembianze questo dispotismo potrebbe prodursi nel mondo: vedo una folla sterminata di individui simili tra loro ed eguali che si dannano incessantemente per procurarsi piccoli piaceri volgari, con cui si riempiono l'anima. Ciascuno di essi, preso a parte, è come estraneo al destino di tutti gli altri: i suoi figli e i suoi amici più intimi formano per lui tutta la specie umana; quanto alla vita dei suoi concittadini, egli è tra loro, ma non li vede; li tocca ma non li sente affatto; egli non esiste che in se stesso e per se stesso e, se gli resta ancora una famiglia, possiamo almeno dire che non ha più una patria. Al di sopra di questa massa si erge un potere immenso e tutelare, che si fa carico solo di assicurare i divertimenti collettivi e di vegliare sulla sorte dei singoli. È un potere assoluto, dettagliato, regolare, preveggente e dolce. Rassomiglierebbe all'autorità paterna se, come questa, avesse lo scopo di preparare gli uomini all'età virile; ma, al contrario, non vuole altro che fissarli irrevocabilmente nell'infanzia; ama che i cittadini si divertano, dato che non pensano che a divertirsi». E, come si diceva nell'introduzione, anche i torinesi non se ne vergognano più.

Detto questo, per quanto mi riguarda, tutte le volte che mi trovo a entrare in Torino arrivando dall'autostrada che collega la nostra città con Milano mi sorprendo ad ammirare quella Sfinge. Sarà che non sono mai stato in Egitto e dunque non ho mai avuto la possibilità di vedere da vicino l'originale, sarà che da bambino il primo museo in cui ho messo piede è stato l'Egizio, sta di fatto che a me la Sfinge al centro della rotonda piace, malgrado detesti le rotonde e non vada pazzo per l'effetto Las Vegas che da Las Vegas ha contagiato il resto del mondo: a Pechino, per esempio, dove un tempo l'antiquariato non esisteva perché per i cinesi le cose vecchie si buttano, anni fa hanno iniziato a produrre cose vecchie però nuove da mettere nei negozi di antiquariato sorti giusto per soddisfare gli occidentali di passaggio. Comunque: ogni volta, tornando a Torino da Milano, mi chiedo se l'esempio della Sfinge al centro della rotonda non potrebbe essere replicato altrove. Per esempio, abbattendo il PalaFuk... cioè, il Centro Palatino, ossimoro semideserto nella piazza più affollata d'Europa, ed erigendo al suo posto un'enorme latta di Pomodori Cirio: provate a fare un test chiedendo ai vostri amici e parenti residenti in altre regioni d'Italia, se ne avete, se sanno che il signor Cirio i pomodori in scatola li ha inventati proprio a Torino, e per la precisione nella sua bottega di Porta Palazzo. Poi si potrebbe tirare giù il Palazzaccio e tirare su al posto del medesimo un gigantesco grissino: Palazzo Reale è a due passi, e i grissini sono stati inventati da un farmacista di corte per nutrire l'inappetente Vittorio Amedeo II. Ci sarebbe quindi da pensare a un altro prodotto torinesissimo, il gianduiotto. E perché non piazzarne uno mastodontico su piazzale Valdo Fusi? Lo so che da quelle parti non c'è alcuna fabbrica di cioccolato, ma sarebbe una soluzione per ospitare il pubblico del prossimo festival jazz, visto che durante i festival jazz di norma a Torino piove (va da sé che il gianduiotto in questione dovrebbe essere cavo: lo specifico a beneficio degli eventuali progettisti, visto il sortilegio che grava sul piazzale).

Tra l'altro, la copia della Sfinge all'ingresso di corso Giulio Cesare se ne sta come ho detto nel bel mezzo di una rotonda. Ed entrando in Torino da qui, ma anche da corso Unità d'Italia nel caso si arrivi sempre in auto ma da sud, ci s'imbatte in alcuni altri notevoli esempi di tale seminovità urbanistica. Fino a qualche anno fa, da parte mia ero convinto che gli archeologi del futuro avrebbero rinvenuto quali testimonianze principali della nostra civiltà un incredibile numero di centri commerciali, paragonabili ai templi greci o khmer o alle piramidi egizie e sorprendentemente simili tra loro dall'Europa meridionale al Nord America al Medio Oriente all'Oceania, e credevo che dalle macerie dei medesimi sarebbero venuti alla luce reperti assai più enigmatici dei Papiri del Mar Rosso. Pensate alle poltroncine in plastica colorata nelle quali in molti facciamo riposare i nostri telefoni cellulari: chissà quali ipotesi anche affascinanti, mi dicevo, verranno in mente agli Schliemann di domani. Ma sbagliavo. Perché la diffusione capillare dei centri commerciali, da Viggiù a Los Alamos passando per Bangkok, è a questo punto ben poca cosa rispetto al proliferare incontrollato sulle nostre strade delle 'rotonde', inventate secondo alcuni dall'inglese Frank Blackmore nel 1959, e secondo altri invece dal francese Eugène Hénard, capace di progettare la prima già nel 1903 per poi vederla realizzata a Parigi un paio di anni più tardi. Ora, se da un lato pare lecito ipotizzare che un giorno o l'altro un archeologo del futuro verrà sicuramente a capo del mistero costituito dalle poltroncine in plastica di cui sopra, esultando come Champollion nell'istante in cui riuscì a decifrare la Stele di Rosetta, dall'altro non possiamo dire lo stesso per ciò che riguarda le rotonde. Perché se è vero che probabilmente prima o poi qualcuno intuirà come le rotonde, a un certo punto nella storia del genere umano, abbiano soppiantato i semafori, nessuno sarà mai in grado di spiegarsi e di spiegare il loro 'arredamento'. Se chiudo gli occhi mi pare quasi di sentirli, gli archeologi del futuro, riuniti a convegno da qualche parte su questo stesso pianeta o su Marte: perché i nostri antenati ornavano questi luoghi a seconda dei casi con giardini bonsai o con cartelloni pubblicitari? Perché al centro di quegli spazi di forma circolare ponevano talvolta un palo della luce e talaltra una statua di Padre Pio? Ma la domanda più pressante sarà: che cosa rappresentavano agli occhi degli umani del Duemila i vari monumenti posti al centro delle rotonde? E, in subordine: chi erano gli artisti a cui i monumenti venivano commissionati? Dove avevano appreso l'arte della scultura? A quali scuole o correnti si rifacevano? Quali significati attribuivano alle loro opere? Forse che queste ultime avevano un carattere magico? E in questo caso, le popolazioni che transitavano per quelle strade si arrestavano a ogni rotonda per pregare una qualche divinità rappresentata o omaggiata dal monumento di turno? Esistevano date specifiche nel corso dell'anno solare in cui i seguaci di un determinato culto si davano appuntamento presso la tale rotonda per prostrarsi al cospetto di questa o di quella figura mitologica? E la scelta delle forme e dei materiali era dettata da ragioni interne al culto o dovuta ai desiderata del committente? Ma, già che ci siamo, che rapporto c'era tra gli enigmatici monumenti al centro delle rotonde e le pietre di Stonehenge? Gli abitanti della Terra avevano forse recuperato antichissimi riti appartenuti alle popolazioni nomadi transitate per il Sud dell'Inghilterra agli albori dell'Umanità? Quale nesso c'era tra la simbologia dei monumenti al centro delle rotonde e la civiltà maya, o magari con quella azteca, o, perché no, al limite anche con quella tolteca? E per finire: erano forse aliene le divinità a cui erano dedicate quelle opere? Oppure si doveva prendere in considerazione l'ipotesi ben più inquietante che sia le rotonde sia i monumenti al centro delle medesime fossero essi stessi... opera di alieni? Chissà.

Si citava, a proposito dell'aeroporto, la stazione Dora, terza o quarta o meglio quinta per importanza, visto che oltre a

Porta Nuova e Porta Susa ci sono anche quelle di Stura e del Lingotto. Ecco: c'è una bella differenza tra le due stazioni alle estremità del sistema ferroviario torinese, nel senso, Porta Susa che è enorme, e la stazione Dora che è minuscola. Ed è strano, la stazione Dora è minuscola ma ha delle panchine su cui sedersi in attesa dell'arrivo del treno, Porta Susa è enorme ma di panchine come si è detto non ce ne sono. E alla stazione Dora oltre alle panchine c'è anche un distributore di merendine e bibite, una bella comodità, in una stazione così piccola. E a Porta Susa ci sono due o tre bar, che in teoria sono meglio di un distributore automatico, ma Porta Susa è talmente grande e vuota che paradossalmente ti sembra che la stazione Dora abbia tre bar e a Porta Susa ci sia solo un distributore automatico, anche se è vero il contrario. Mah. Sta di fatto che il treno per e dall'aeroporto parte dalla e arriva alla stazione Dora, anziché a Porta Susa. E anche questo non è male, come paradosso. Almeno credo.

Poi c'è chi a Torino arriva in camion. E non si tratta solo dei camionisti o delle bestie dirette al macello della città, ma anche dei cosiddetti clandestini che nei camion talvolta si nascondono. E che non di rado finiscono per stabilirsi ai margini della città, in accampamenti più o meno autorizzati e tollerati, lungo il corso dello Stura o della Dora, lì dove da tempo immemorabile sono diventati stanziali i nomadi, ovvero gli zingari, o se preferite i rom. E lì, questi esseri umani vivono senza acqua potabile e senza fognature e senza luce elettrica e senza riscaldamento, ma con un mucchio di topi e parassiti e zanzare, almeno durante la bella stagione che comunque in quanto tale non è più quella di una volta. E poi c'è chi tra i nuovi arrivati trova rifugio proprio fra i treni in sosta lungo i binari più o meno morti delle varie stazioni, tra giacigli di fortuna e confezioni di Tavernello e cibo recuperato tra i rifiuti. Niente fioriere, per questi nuovi torinesi. Ma nel 2014 per la prima volta la popolazione della città è diminuita: molti immigrati dal Nord Africa o dai Paesi dell'Est se ne stanno andando altrove oppure tornano nei luoghi d'origine. Il che può essere una buona notizia per i misteriosi Padani abitanti della Padania. Ma la dice lunga sullo stato dell'economia cittadina.

Che poi per me Porta Nuova non è mai stata l'ingresso ma casomai l'uscita, perché da Porta Nuova sono sempre partito: da bambino col treno notturno che mi portava in Sicilia o cara, con la mia famiglia, per cui guardando i binari in direzione di corso Sommelier vedevo il mare e le palme e le spiagge e le case gialle di tufo e sentivo il profumo dolce e salato di zagare e ricci e gelsi e cassate; da ragazzo col treno sempre notturno che mi portava a Parigi Gare de Lyon, la Parigi che avevo sognato leggendo *Fiesta* di Hemingway e poi *Festa mobile*, con i suoi caffè puliti, illuminati bene, le sue ragazze disinibite e le sue donne eleganti; da adulto coi tanti treni diurni che mi hanno portato in città dove sono andato per lavoro e dove talvolta sono stato felice, a Venezia, Genova, Firenze, Arezzo, Roma. Porta Nuova che come tutte le stazioni è una promessa. Porta Nuova che prima o poi i lavori per il restauro della facciata finiranno. Porta Nuova che a me ricorderà sempre mio padre, arrivato ventenne da Marsala nel 1946 per lasciarsi alle spalle un amore impossibile e fare il barbiere in via Saluzzo, dove dormiva nel retrobottega battendo i denti dal freddo, lui che la neve non l'aveva vista mai. Papà caro.

Il corridoio

Dove da via Roma sono spariti il posto telefonico con le cabine grigie e l'edicola-libreria fatta come un Meccano dove si leggeva aggratis, e dove però resistono eroici gli zarri che fanno le vasche importunando le ragazze.

Un tempo il corridoio di Torino era via Roma. Oggi non più. Complice la pedonalizzazione di alcune strade del centro, a cui si è aggiunta di recente anche quella dell'arteria che collega Porta Nuova a piazza Castello passando per piazza Carlo Felice, piazza Cln e piazza San Carlo, i torinesi hanno imparato a deambulare anche altrove. A cominciare naturalmente da via Garibaldi, e in ultimo da via Carlo Alberto e da via Lagrange. La cosa bizzarra, osservabile specie il sabato pomeriggio ma anche la domenica e non solo nel periodo prenatalizio, è la spiccata tendenza dei torinesi a intasare queste vie (ma non via Carlo Alberto, che chissà perché è la meno frequentata pur essendo assai gradevole) ignorando totalmente quelle circostanti. Voi direte: e certo, si tratta di vie commerciali. Vero. Tuttavia, lo sono anche quelle circostanti. E chi intasa via Garibaldi e via Lagrange non lo fa necessariamente perché deve a tutti i costi comprare qualcosa proprio lì: trattasi con ogni probabilità del cosiddetto istinto del gregge, assai diffuso non solo a Torino ma in tutta Italia, cosa che spiega la situazione in cui si trova il Paese, ma questo non è il luogo. Ora, via Roma si sa è molto cambiata, da via del lusso è diventata via delle catene, e dunque vi si trovano le stesse marche e gli stessi prodotti e gli stessi comportamenti reperibili e riscontrabili in innumerevoli altre città. Ma, in effetti, ciascuno di questi tre corridoi principali ha caratteristiche assai diverse, e non ci si riferisce qui solo al fatto che via Roma ha i portici, via Garibaldi copre l'antico corso di un torrente e via Lagrange non ha né i portici di sopra né il torrente di sotto. A cominciare dalla tipologia di chi vi deambula.

In via Roma deambulano un po' tutti: sia i deambulatori specializzati nella deambulazione in via Roma, sia quelli che prediligono la deambulazione in via Lagrange oppure in via Garibaldi. Ma non è scontato che chi deambula in via Garibaldi deambuli anche in via Lagrange e viceversa. I deambulatori professionisti di via Garibaldi infatti hanno un'età media e un reddito inferiori ai deambulatori di via Lagrange: via Garibaldi è un susseguirsi di negozi mediamente più economici rispetto a quelli che costellano via Lagrange, e questo naturalmente fa la differenza. Poi certo, complice la scarsa natalità, l'età media non solo dei torinesi ma degli italiani è destinata a crescere, e il reddito medio, complice non tanto la crisi attuale ma proprio il sistema capitalista, a diminuire, e dunque in un tot di anni sia i deambulatori di via Garibaldi sia quelli di via Lagrange saranno mediamente tutti più vecchi e più poveri, e mettere piede in via Roma, che a questo punto è un po' una sintesi di via Garibaldi e via Lagrange, sarà come entrare ai Poveri Vecchi, ovvero in un ospizio, e non si può escludere che empori come H&M e Zara decidano dunque di adeguarsi, vendendo anche apparecchi acustici e pantofole di feltro con la zip e sedie a rotelle eccetera. In ogni caso, il giorno in cui i deambulatori di via Lagrange saranno del tutto intercambiabili con quelli di via Garibaldi si avvicina inesorabilmente.

Già col divieto di circolazione in via Roma nel corso delle ore serali del fine settimana, deciso anni fa dalle autorità competenti, venne inferto un duro colpo agli usi e costumi delle moltitudini autoctone e soprattutto automunite di cosiddetti 'tarri' o 'tamarri' o 'zarri' o 'zatamarri' che dir si voglia, i quali, a bordo delle loro auto non di rado modificate secondo i dettami del 'tuning', amavano solcare il centro da piazza Castello a piazza Carlo Felice via piazza San Carlo e ritorno in un rituale che, col senno di poi, sarebbe potuto diventare lo spunto per un bel Palio di Torino capace di attirare ulteriori moltitudini di turisti anche stranieri come accade di norma a Siena o ad Asti. Le regole del torneo, che per l'appunto si teneva nelle ore serali di ogni week-end, erano semplici. Bastava presentarsi in via Roma a bordo del proprio destriero, ossia di un'auto (agli albori del fenomeno di preferenza una Golf Gti nera decapottabile ornata da almeno un adesivo della nota marca di sigarette John Player Special) con il volume dell'autoradio 'a palla', cioè altissimo, e sparare dai finestrini completamente abbassati anche a gennaio di tutto un po', da Gigi D'Alessio alla house e alla techno più 'zama'. Vinceva chi, incrociando un avversario proveniente dalla direzione opposta, riusciva a coprire con le proprie proposte musicali quelle dell'altro. Il clou della serata consisteva nel raduno finale sotto il Caval 'd Brons: l'elegante salotto di piazza San Carlo, cuore aulico dell'antica capitale sabauda, diventava allora il luogo più rumoroso del pianeta dopo la rampa di lancio delle navicelle spaziali Shuttle a Cape Canaveral. E sotto il bombardamento di decibel nascevano amori poi destinati in molti casi a dare i loro frutti, tra cui le tante Jehssihcah e Sahmahntah che affollano le nostre scuole elementari, medie e superiori. Per poter partecipare a questo vero e proprio rito tribale, il tarro e i suoi simili si preparavano con grande scrupolo fin dall'adolescenza, per esempio modificando il motorino in modo da far suonare la marmitta come un 'organo di Stalin' (il famigerato lanciamissili Katyusha, usato dai russi nel secondo conflitto mondiale). Poi, mano a mano che s'avvicinava l'età della patente, cominciavano a studiare da vicino le autoradio, sia passando interi quarti d'ora ad ammirare gli ultimi modelli messi in vetrina dai negozi specializzati, sia prelevando uno o più esemplari dal loro alveo naturale, cioè dalla macchina di qualcuno, giusto per valutare i pro e i contro dei vari modelli in vista dell'eventuale acquisto. Una volta entrato in vigore il divieto di circolazione di cui sopra in via Roma, e chiusa al traffico piazza San Carlo, la tradizione del torneo ha lasciato il posto a sporadiche sfide tra irriducibili romantici originari delle Vallette, della Falchera o di Mirafiori, magari il sabato pomeriggio in via Lagrange. Ora i 'civich' daranno loro la caccia. Ma privare un tarro o un suo simile del piacere di tenere l'autoradio a palla è quasi un atto di crudeltà. Pensateci.

Via Lagrange contiene una bella storia, quella di Salvatore, che qui ha aperto la Focacceria Lagrange, dove la farina è bio e i sapori e la fragranza sono a dir poco sensazionali. La storia di Salvatore parte dalla Sicilia dove Salvatore è nato e arriva a Torino passando per la Liguria. È a Nervi, a poche bracciate di mare da Genova, che Salvatore impara appena tredicenne dal maestro Vittorio Caviglia l'arte della focaccia al formaggio alla moda di Recco secondo la ricetta tradizionale. Due sfoglie sottili, olio extravergine d'oliva, formaggio locale e cottura in teglia di rame rotonda. Sette anni dopo, a Torino, Salvatore apre la sua prima focacceria in via Sant'Agostino. E grazie alla sua passione per un mestiere antico e al suo forno a legna, i torinesi scoprono di poter gustare una focaccia sublime senza doversi sobbarcare il classico viaggio sull''autostrada dei fiori'. E la pizza? Al taglio o al padellino, è un trionfo di pomodorini di Pachino e olive taggiasche, cipolle di Tropea e mozzarella di bufala, per tacere della pasta, saporita il giusto e cotta a puntino. Amici e clienti, entusiasti, lo implorano: «Salvatore, ti prego, facci anche la farinata!». Lui, dopo mesi di studi e prove, li accontenta. E la sua farinata, croccante in superficie e morbidissima dentro, gustosa e insieme delicata, è oggi, a detta di molti, una delle cose per cui vale la pena essere venuti al mondo. O almeno in focacceria. Bella storia, Salvatore.

Via Lagrange contiene anche la Rinascente, grande magazzino che come sappiamo deve il suo nome a Gabriele D'Annunzio. Ora, noi non possiamo sapere che cosa direbbe il Vate se oggi tornasse in vita e varcasse la soglia della Rinascente. Ma, avendo una vaga idea di quello che doveva essere il suo per così dire caratteraccio, immaginiamo che non avrebbe gradito più di tanto l'usanza che per anni e anni ha contraddistinto la Rinascente, ovvero quella dello spruzzo. Lo spruzzo, alla Rinascente, è stato e forse è ancora una sorta di rito di passaggio, nel senso che una volta varcata la soglia del grande magazzino c'è il rischio di venire abbordati da un'addetta al reparto profumi o profumiera che dir si voglia ovviamente armata di profumo, che come un automa recita: «Buongiorno, desidera provare questo profumo?». Se non si è rapidi di riflessi e non si oppone un cortese ma fermo rifiuto, lo spruzzo parte senza se e senza ma, e ci si ritrova profumati da capo a piedi, perché alla Rinascente lo spruzzo di profumo somiglia a un fungo atomico orizzontale e non c'è scampo per nessuno. Facile immaginare che il Vate, qualora in vita, estrarrebbe un revolver e freddereebbe all'istante la profumiera in questione. Perché D'Annunzio amava molto i profumi. Ma se li sceglieva lui.

E poi c'è Guido. Gobino. Guido Gobino. O se preferite anche Guidogobino, tutto attaccato. Che in via Lagrange ha aperto un negozio a pochi passi dal Museo Egizio. E che io ho visto all'opera non solo lì, dove ha messo su una sala degustazione che è un tempio del cioccolato, ma anche nel laboratorio di via Cagliari. Dove il profumo di nocciole tostate è assordante. Quello di cacao addirittura ipnotico. Ed eccolo lì, Guido Gobino, elegantissimo nel camice bianco, all'interno del laboratorio sotterraneo dove vengono alla luce i suoi capolavori di cioccolato. Capelli a spazzola brizzolati. Baffi sottili. Mani curate. Nei suoi occhi, si vede benissimo, arde lo stesso fuoco del bambino che a cinque anni fissava incantato i gianduiotti vestiti uno per uno dalle confezionatrici alle dipendenze del padre. In via Cagliari, al di là della Dora, le confezionatrici non ci sono più. Al loro posto, macchine fatte arrivare dalla Svizzera o dalla Germania. «Ma per imparare a lavorare come si deve il cioccolato, svizzeri e tedeschi vennero a Torino, duecento anni fa», mi dice l'artista dell'Amarissimo e del Turinot, il gianduiotto in scala 1:2 creato nel '95 pensando alle madamine torinesi, che i gianduiotti formato normale li hanno sempre gustati in due tempi, spezzandoli a metà. A Colonia, mi racconta, hanno anche un museo del cioccolato, grande quanto quello nostro dell'automobile e sempre affollato. Dentro ci sono perfino una serra con le piante del cacao e dei macchinari funzionanti, che permettono ai visitatori di comprare tavolette di cioccolato fabbricate sul posto. Da noi, che del cioccolato siamo stati i pionieri, se ne parla da anni: ma al massimo si riesce a organizzare una fiera. Il laboratorio sembra un locale notturno, pareti bianche, luci al neon e un reticolato di tubature zincate che corrono all'altezza del soffitto. Manca solo la pista su cui ballare la techno: come club sarebbe perfetto. Ma, per il bene di tutti i sinceri amanti del cioccolato, ci si augura che non lo diventi mai. Guido Gobino passa qua dentro gran parte del suo tempo, insieme ai sette o otto operai specializzati che grazie al loro olfatto, al loro gusto e al loro sguardo ormai esperto sanno quand'è il momento di aiutare le macchine. «Vivendo in città inquinate sviluppiamo poco l'olfatto», dice, annusando una nocciola. «Invece per noi è fondamentale, la prima sensazione ti arriva dal naso». Perché le nocciole non devono essere tostate né troppo né troppo poco; e non di rado anche la bontà di un certo tipo di cacao purissimo viene avvertita solo grazie a narici opportunamente educate. In un angolo le pietre di granito di una mescolatrice frantumano le nocciole. Accanto, i cilindri d'acciaio di una raffinatrice riducono i frammenti in una farina dai granelli di 20 micron di spessore. Un po' più in là, un'impastatrice aggiunge alla farina il burro di cacao, trasformandola in crema. E quando la pasta è perfettamente omogenea, la temperatrice la raffredda in modo da far stare 'in piedi' i gianduiotti sul tappeto su cui sfilano in parata verso il tunnel frigorifero, il metal detector (per individuare e bloccare alla frontiera i gianduiotti che trasportassero qualcosa di sospetto) e infine la macchina confezionatrice, quella che ha sostituito le donne che lavoravano ai piani superiori nei favolosi Sessanta. Nel magazzino retrostante, ecco i sacchi di nocciole: che acquistate ogni anno a settembre, al primo raccolto, qui sono piemontesi al 100% e oleose tra il 56 e il 62%, dunque pregiatissime. «Ecco il nostro oro!», esclama orgoglioso Guido Gobino. «Tostare è un'arte, perché dal punto di tostatura dipende il sapore della nocciola e dunque del gianduiotto». Ne prende una. La apre. La annusa. Gli occhi gli si accendono. «E noi la nocciola la tiriamo al massimo», mi dice, come se stesse parlando di una fuoriserie. «Quello che conta è riuscire a dare il tuo timbro al cioccolato, così da farlo diventare inconfondibile. E il bello è fare dei blend, selezionare, ricercare. A Torino si fanno sempre e solo quei tre o quattro prodotti: fantastici, d'accordo, ma secondo me bisogna guardare avanti. Solo così c'è futuro». Guido Gobino, che quando crea un nuovo aroma di cioccolato ne regala quattro chili a certi amici fidati e a grandi chef per avere da loro un parere, e che parla del rispetto delle materie prime e dell'importanza di sapersi mettere in discussione e rinnovare, e della sindrome dell'artigiano, che ha sempre un po' paura di essere troppo caro e di non riuscire a dare al cliente la perfezione, mi porge un caffè («per resettare il palato» ed esaltare i sapori) e mi offre un Turinot Maximo. «Senza latte, come nel 1860».

Quanto a via Garibaldi, sia detto una volta per tutte: è vero, è la strada pedonale più lunga d'Europa. Ma non solo: è anche quella dove ha sede uno degli ultimi negozi storici della zona, P.I.A.N.A. È andata così. Nel 1909, al numero 38 di via Garibaldi, aprì i battenti una bettola. Cinquant'anni dopo, la bettola diventò un'enoteca. E l'enoteca è ancora lì, e si chiama ancora Piana, come in origine, anzi no, P.I.A.N.A. «La famiglia Piana, nel 1909, vendeva vino alla mescita e dava da mangiare ai clienti», racconta Gaudenzio Gilioni, l'attuale proprietario. «Piatti freddi, immagino, visto che nei nostri locali non c'è traccia di cucina. I Piana si occupavano anche di rinfreschi, e narra la leggenda che tra i tanti curarono anche quello che venne dato per la famosa visita di Mussolini a Torino. Comunque: io ho conosciuto l'ultimo dei Piana, il signor Cesare, e quando mio suocero Carlo Palmero rilevò l'attività, nel 1959, si decise di mantenerne il nome, che ormai si era fatto conoscere, trasformandolo però in un acronimo: Prodotti Internazionali Alcolici e Non Alcolici. Quando Cesare Piana è mancato, nel 1973, io sono entrato in società con mio suocero. Quando è mancato mio suocero, nel 1985, mia moglie Adriana ha sostituito suo padre. Ed è lei la colonna portante della nostra enoteca», dice il signor Gilioni, con un sorriso. Il negozio, tranne che per qualche scaffalatura, è rimasto identico a com'era nel 1959. A cominciare dal profumato pavimento in legno. «Che salva tante bottiglie», ammette il mio interlocutore. Che ricorda Cesare Piana battere a macchina gli ordini a gran velocità, visto che non esistevano le e-mail, e racconta una via Garibaldi molto diversa da quella attuale. «Dalle nostre vetrine vedevamo passare i tram nei due sensi di marcia. La via era molto trafficata, e negli anni Sessanta i negozi erano molto diversi da quelli attuali. Ce n'erano di elettrodomestici e di abiti da cerimonia, c'era un fioraio, e anche un paio di casalinghi. Siamo rimasti solo noi, della vecchia via Garibaldi, dopo la chiusura della libreria Lattes. Noi e il negozio di cappelli qua di fianco». Tra i ricordi ormai mitologici legati agli anni del boom, quelli su certi buoni clienti stranieri: «Ne avevamo di svizzeri e anche di francesi che si spingevano in auto fin davanti all'enoteca e stipavano il baule di bottiglie di gran marca. Alcuni arrivavano in via Garibaldi in Ferrari. I bambini dei dintorni, all'uscita da scuola, guardavano quei bolidi a bocca aperta, e non solo loro. Con la chiusura al traffico, non li abbiamo più visti».

Allarga le braccia. «Col passare degli anni, per quanto riguarda la via, abbiamo assistito a un livellamento verso il basso. Oggi da queste parti abbiamo soltanto jeanserie e negozi di scarpe. In compenso, va detto che i bar sono molto migliorati: quelli di un tempo erano brutti, malandati, e col fatto che passavano i tram non esistevano i *dehors*». Poi, gli anni Settanta. «Allora a Torino le enoteche simili alla nostra erano una quarantina. Oggi siamo in cinque o sei. Negli altri casi si tratta di vinerie, è un'altra cosa». Il fatto di essere rimasti in pochi ha rinsaldato i rapporti. «Un tempo c'era più l'idea che ciascuno badava al suo orto, c'era più concorrenza. Oggi tra noi e Cavallito in corso Siracusa o Paissa Ingross di via Pisa o Gabri di corso Raffaello o ancora il Vinaio di via Cibrario c'è amicizia, e anche solidarietà. Siamo gli ultimi sopravvissuti, come gli indiani delle Riserve». I ricordi peggiori riguardano gli anni Ottanta e lo scandalo dei vini al metanolo. «Lì il nostro settore toccò davvero il fondo. Si trattò di una crisi devastante. Molti chiusero i battenti proprio allora». Non Piana, anzi, P.I.A.N.A. «Abbiamo sempre creduto nella qualità», dice il signor Gilioni. «E alla lunga siamo stati ripagati. Oggi il cliente tipo ha dai venticinque ai quarant'anni, beve meno di un tempo ma vuol bere bene. Per capirci, il bottiglione da due litri non ce lo chiede più nessuno». In fatto di clienti, due hanno lasciato un ricordo indelebile. «Tra le ditte, il Bar Zucca. Eravamo i loro fornitori e si lavorava molto bene. Ci è spiaciuto veder chiudere quel locale, i tanti torinesi che l'hanno conosciuto lo rimpiangono ancora». E tra i privati? «Be', Florinda Bolkan. Grande attrice, e gran bella donna. Quando girava un film a Torino o era qui in tournée per uno spettacolo teatrale, stava in un residence qua vicino e veniva sempre da noi». Più di recente, tra i clienti speciali, la squadra canadese di hockey, durante le Olimpiadi del 2006.

«Erano così grossi che in dieci occupavano tutta l'enoteca. Si sono comprati trenta bottiglie di Barbaresco. Naturalmente abbiamo fatto il tifo per loro».

Ma torniamo a via Roma. Io una volta ci lavoravo. In una libreria all'angolo con via Bertola con tanto di edicola che apriva alle 5 del mattino e chiudeva alle 19,30 e restava aperta anche la domenica. All'epoca era una libreria del Gruppo Fabbri Bompiani Sonzogno Etas. Poi è diventata Rizzoli. Poi Feltrinelli. Poi Giunti. Poi Mondadori. Poi l'ha rilevata un privato. Poi ha chiuso i battenti. E ora, non deve trattarsi di un caso, al suo posto c'è un Apple Store. Che ho visto inaugurare. Ci tenevo, visto che lì all'angolo tra via Roma e via Bertola ho passato quasi dieci anni. Ma ci vorrebbe James Frazer, l'autore del *Ramo d'oro*, per studiare da vicino e con occhio da antropologo il rito magico e la liturgia pagana dell'inaugurazione di un Apple Store, con l'abituale coda di adepti che alle otto di mattina arriva all'altezza della Galleria San Federico, e gli officianti in maglietta blu Savoia che a poco più di un'ora dall'apertura al pubblico ripetono a memoria gesti e parole appresi durante la loro iniziazione ai Misteri di Cupertino, versione 2.0 di quelli Eleusini, tramandati dagli istruttori che diffondono il Verbo di Steve Jobs. Rispetto all'antichità, dove proprio in questo periodo dell'anno ci si recava in pellegrinaggio a Eleusi per essere ammessi nel santuario di Demetra, la Apple offre il vantaggio di portarti il tempio sotto casa, anche se c'è chi è arrivato qui da Roma o da Milano. Non perché là non ci sia già un Apple Store, ma perché esiste com'è noto una comunità Apple e ci si ritrova tra appartenenti alla medesima non tanto o non solo per comprare qualcosa (la maggior parte delle persone in coda l'iPhone ultimo modello ce l'ha già dal primo giorno di uscita nei negozi) ma per condividere l'emozione di varcare la soglia magica di un futuro che è già presente e che tuttavia promette (e mantiene) di aprire sempre nuovi orizzonti, mano a mano che si succedono le generazioni di prodotti e si moltiplicano le App. Ed ecco dunque che l'elegantissimo tempio Apple di via Roma rifulge di luce, non solo grazie ai mille iPad e iPod e iPhone e iMac e MacBook sempre accesi e ai bellissimi lampadari disegnati pensando alla storia dell'edificio, ma anche perché chi l'ha progettato ha finalmente riaperto e addirittura ampliato le vetrine su via Bertola. Sempre a un tempio fanno pensare le bianche colonne all'interno dello spazio dove una volta si vendevano libri e giornali, e dove prima ancora si stampava «La Stampa»: tra chi assiste stupefatto all'evento c'è qualche signore coi capelli bianchi che ricorda il ticchettio delle linotype al primo piano, lì dove ora c'è la sala dedicata all'assistenza alla clientela da parte dei 'geni' (si chiamano proprio così), con lo spazio bimbi e quello super-riservato dedicato alle aziende, mentre da parte mia rilevo come non ci sia ombra di polvere, al contrario di quando in questo stesso luogo facevo l'inventario o le rese. Sia come sia: l'atmosfera quasi mistica, in un trionfo di stucchi e va da sé di tecnologia che è un mix tra il Partenone e l'astronave di *2001: Odissea nello spazio*, viene rotta a un tratto da ululati e applausi. Tra breve gli adepti in coda verranno ammessi al cospetto di pixel e microchip, e gli istruttori caricano a mille i ragazzi e le ragazze in maglietta blu Savoia. C'è addirittura il lanciacori come nelle curve degli stadi, e tra braccia levate al cielo nello stile dei rave o dei raduni di appartenenti a qualche setta viene in mente lo spirito di corpo con cui a Fort Bragg si forgiano i marines. Scatta dunque il conto alla rovescia. Alle dieci in punto, il primo a entrare tra applausi e urla di giubilo («Via Roma! Via Roma!») è Oscar, arrivato qui mercoledì scorso all'ora di pranzo. Solca tra selve di flash due ali blu Savoia, battendo il cinque con una mano e filmando la scena per mezzo del suo iPhone ultimo modello con l'altra. Iscritto al Poli, è già stato alle inaugurazioni degli Apple Store di Brescia, Bologna e delle Gru. «La Apple per me è una passione», racconta sotto gli occhi estasiati dei genitori, «e poi c'è il legame con chi viene qui per ritrovarsi e per condividere la gioia di entrare in un Apple Store». Ecco. La cassa naturalmente non c'è, ogni ragazzo e ragazza in maglietta blu Savoia è addestrato a illustrare e vendere i gioielli di casa e a riscuotere l'equivalente in denaro, elettronico e non. Di sicuro, rispetto a quando lavoravo anch'io qui, la pausa pranzo sarà un'altra cosa, vista la qualità eccelsa della cucina dell'odierna versione 2.0 del vicinissimo Bar Stampa. Bene, mi dico andandomene: questo pezzo di Torino, a cui siamo affezionati in tanti, rinasce a nuova vita. Addio, cara vecchia edicola-libreria. Certo mi mancherai. Ma le città quando sono vive cambiano. E a dire la verità, malgrado abbia preso appunti a biro, anch'io sto scrivendo queste righe su un MacBook.

Spariti per sempre da via Roma e dintorni, oltre alla mia cara vecchia libreria: il Bar Zucca, il Bar Impera con i suoi biliardi, il Bar Augustus col suo proprietario dotato di un *sense of humour* mica male, il negozio d'alta moda Galtrucco, l'emporio extra lusso PAISSA, il posto telefonico della Sip poi Telecom con tutte le sue cabine, l'Esploratore Azzurro che negli anni Ottanta vestiva i paninari oggi come oggi sostituito da Jack dietro piazza Bodoni, la coppia madre e figlio siciliani e folli che entrava nei negozi con lei zitta a braccetto di lui che improvvisamente si metteva a urlare: «Cornuti! Siete tutti cornuti!», il tipo che vestito da cowboy e con tanto di cinturone e pistole si piazzava agli incroci e inscenava sfide all'OK Corral con le auto ferme ai semafori, quello che era convinto di essere in contatto con gli alieni e credeva che i suoi chilometrici messaggi incomprensibili venissero pubblicati sulle pagine della «Stampa», quell'altro che appoggiava la faccia alle vetrine e se ne stava lì per ore a guardare che cosa succedeva al di là delle vetrine, il signore gentilissimo ed elegante e diversamente alto sempre a caccia dell'ultimissima «Gazzetta Ufficiale», e Zorro, il vigile urbano che riusciva a multare le auto lasciate in sosta vietata proprio solo due minuti due, e spariva dopo aver lasciato la sua firma sul foglietto attaccato al parabrezza. A suo modo, un mito.

Ma per tornare ancora una volta in via Roma, oggi in via Roma ci si va perché in via Roma c'è H&M, e chi non sapesse ancora a che altezza è tenga presente che il luogo è segnalato all'esterno dalla presenza di un nutrito gruppo di giovani di sesso maschile perennemente in attesa sotto i portici prospicienti il negozio: alcuni di loro aspettano la fidanzata che all'interno si sta provando tutta la collezione primavera-estate o autunno-inverno, gli altri se ne stanno lì a cincischiare ma in realtà mirano ad abbordare una o più ragazze tra quelle che all'interno si stanno provando tutta la collezione primavera-estate o autunno-inverno. Da parte mia di recente ho conosciuto una ragazza che quando entra da H&M va in tilt, c'è troppa roba e poi a lei far shopping non piace: di sicuro se in realtà siamo davvero tutti replicanti come in *Blade Runner* deve trattarsi di un esemplare difettoso.

La cucina

Dove la cucina a Torino continua a stare a Porta Palazzo: lo avevo già scritto in «Torino è casa mia», lo so, ma mica posso rimangiarmelo, che a Porta Palazzo c'è gente anche incazzosa; ad ogni modo non è più vero che a Porta Palazzo si trova tutto e il contrario di tutto, almeno nel settore abbigliamento ormai un banco vale l'altro, hanno tutti la stessa roba e ovviamente è tutta made in China; però ci sono i gabbiani.

Un giorno sono andato a fare la spesa a Porta Palazzo, avevo voglia di zucchine e sapevo di trovarne di buone dai cosiddetti contadini, che poi sono contadini davvero, e mi stavo per l'appunto dirigendo verso quel settore del mercato quando all'angolo tra piazza della Repubblica e via Milano mi sono imbattuto in una comitiva di turisti. Francesi? No. Tedeschi? Nemmeno. Americani? Neanche. Giapponesi? Neppure. Si trattava di turisti ancora più esotici. Italiani. Lì per lì a dire il vero mi è sembrato quasi normale, anche se appena una decina di anni fa la cosa sarebbe stata inimmaginabile, perché fino all'altro ieri gli italiani venivano a Torino solo ed esclusivamente se costretti per ragioni di lavoro oppure in veste di tifosi di calcio in trasferta al seguito della loro squadra. Così ho tirato dritto. Poi però, con la coda dell'occhio, ho intravisto qualcosa che mi ha fatto dapprima rallentare e infine fermare. Mi sono voltato. Ho guardato meglio. Sì, non c'erano dubbi. La guida che stava illustrando le meraviglie di Porta Palazzo alla comitiva di connazionali era una ragazza nordafricana con tanto di chador, che tra l'altro si esprimeva usando un italiano perfetto. E allora ho pensato due cose. La prima: che in effetti per Porta Palazzo oggi non poteva esserci guida migliore. La seconda: che per completezza ci sarebbe voluta al suo fianco anche una guida cinese. E però anche una senegalese. E una romena. E una russa. E una moldava. E una pugliese. E una calabrese. E una campana. E una siciliana. E perché no, anche una piemontese, ma non solo in veste di reperto storico-archeologico, visto che impegnandosi un po' oggi come oggi a Porta Palazzo si può ancora sentire parlare addirittura il piemontese, la lingua più diffusa da queste parti appena sessant'anni fa. Perché Porta Palazzo, cuore pulsante e allo stesso tempo ventre della città, per gli amici Porta Pila, per i burloni Porta Pagliaccio, accoglie da sempre tutti. Poi per carità, c'è chi a Porta Palazzo ha subito uno scippo e chi si è visto rifilare come resto una banconota falsa. Ma non si può dire di conoscere Torino se non si conosce Porta Palazzo, e non si può dire di conoscere Porta Palazzo se non si conosce il banco dei contadini da cui comprare le zucchine.

A Torino, in piazza della Repubblica, per gli amici Porta Palazzo, per gli amici degli amici Porta Pila, per i burloni Porta Pagliaccio, si trova da sempre notoriamente di tutto. Dalle arance di Sicilia alla menta di Pancalieri, passando per la bicicletta che vi hanno rubato in cortile anche se era tutta arrugginita e per il pane arabo o romeno, oltre che per fagiani, cozze, fiori, bacinelle, tappi, gonne, bretelle, toma, lattuga, eroina, euro falsi. Ma non solo. Perché da qualche tempo in qua, proprio dirimpetto al mercato del pesce, dall'altra parte di corso Regina Margherita, c'è perfino un ossimoro. Di solito per ossimoro si intende qualcosa tipo chessò, il ghiaccio bollente. Ma l'ossimoro di piazza della Repubblica o Porta Palazzo o Porta Pila o anche Porta Pagliaccio è fatto di cemento e di vetro, e si chiama PalaFuk... no, pardon, mi stavo sbagliando, gli hanno dato una nuova denominazione: Centro Palatino. Trattasi di ossimoro non in quanto Centro unito a Palatino ma in veste di luogo semideserto nel contesto della piazza più affollata di Torino, anzi d'Italia, anzi d'Europa. Se per esempio avete sempre desiderato vedere il mercato di Porta Palazzo coi vostri occhi ma non avete mai osato avventurarvi fin qui perché non sopportate di stare in luoghi affollati, o soffrite di agorafobia, tenete presente che piazza della Repubblica vi offre questa straordinaria possibilità: grazie al Centro Palatino, infatti, potrete incarnare il titolo di un celeberrimo romanzo di Thomas Hardy, quel *Via dalla pazza folla* da cui John Schlesinger trasse anche un film. Il Centro Palatino è una sorta di camera di decompressione, o se preferite di terra di nessuno, o anche di area per la sosta di emergenza. E dato che i torinesi hanno sempre pensato che a Porta Palazzo si trovasse di tutto, ma escludevano che vi si potesse trovare anche uno spazio tanto grande semideserto, il fatto che ora ci sia è senza dubbio un grande passo avanti per la città ALWAYS ON THE MOVE.

In certe giornate ventose, Torino dà il meglio di sé. Lo so, succede anche ad altre città. Per esempio Parigi. Ma a Parigi il vento è piuttosto frequente, mentre da noi è quasi una rarità. Ed è un peccato, perché quando c'è vento Torino non è solo più bella, più lucida, più definita, ma è anche più respirabile. Uno degli ultimi giorni di vento, mi è capitato di fare da guida a una giornalista svizzera che voleva scrivere un articolo su Torino. E dato che quando via mail mi aveva chiesto da dove avrebbe dovuto cominciare le avevo risposto senza esitazioni: «Porta Palazzo», le ho dato appuntamento lì. Siccome lei arrivava dalla Svizzera, ci siamo visti alle tre del pomeriggio. Era un lunedì, non un sabato, perciò a quell'ora il mercato era già chiuso. Però se ne vedevano ancora i segni, specie dalle parti della sezione dove sostano da sempre i banchi di frutta e verdura. Piazza della Repubblica era un quadro a cielo aperto, pieno di cassette di legno, cartacce, sacchetti, e qua e là di pomodori spiacciati, foglie d'insalata marroni, tutta roba non più commestibile. Quel che era rimasto di commestibile dopo che i commercianti e i contadini se n'erano andati era già stato portato via dai tanti che non da oggi ma oggi più di ieri setacciano la vecchia Porta Pila all'ora in cui il mercato chiude, un tempo più che altro anziani alle prese con le ristrettezze imposte da pensioni di certo non 'd'oro', ora anche da persone più giovani rimaste senza lavoro. Sta di fatto che la giornalista svizzera si guardava attorno attenta e incuriosita: in Svizzera un posto come Porta Palazzo non esiste, e io le spiegavo come Porta Palazzo fosse il ventre di Torino, un posto dal quale storicamente sono sempre passati tutti, e dove fino a mezzo secolo fa la lingua più diffusa era ancora il piemontese, mentre adesso ci sono addirittura adesivi sulle vetrine di un paio di negozi affacciati sulla piazza che rivendicano come lì ci sia ancora qualcuno in grado di parlarlo. E mentre le spiegavo, come usa dire, 'la rava e la fava', a un tratto le ho detto: «Ecco, vede per esempio questi ragazzi che smontano i banchi? Sono gli stessi che li montano a notte fonda, un lavoro molto duro, che oggi fanno solo gli stranieri». Lei intanto prendeva appunti. Solo che poi un paio dei ragazzi alle prese con lo smontaggio si sono messi a chiacchierare. Ed erano inequivocabilmente italiani.

A Porta Palazzo, da sempre non solo cucina ma cuore pulsante della città, la Drogheria Damarco occupa l'angolo al numero 4 di piazza della Repubblica dal 1890. «Lo stabile in cui ci troviamo appartiene all'Ordine Mauriziano. E già allora questo era un negozio di generi alimentari», racconta la signora Marilena Damarco. «I miei genitori, astigiani del Monferrato, lo rilevarono nel 1959. Dopo il primo proprietario, che lo gestì per più di cinquant'anni, ce ne fu un secondo che lo lasciò dopo appena un decennio, per problemi di salute. Noi siamo i terzi». La signora Damarco è oggi una delle pochissime persone tra quelle ad avere un'attività a Porta Pila a ricordare la piazza com'era ai tempi della *Donna della domenica*, e anche prima. «Nel 1959 i miei vendevano tutta roba sciolta. I clienti arrivavano con la bottiglia del vino, con quella dell'olio, e se le facevano riempire. Compravano sciolto il caffè e anche lo zucchero, che si incartava nell'apposita carta. Roba confezionata non ce n'era quasi». Che atmosfera si respirava a Porta Palazzo in quegli anni? «Oh, naturalmente molto diversa. Ma non voglio fare come mia nonna, che diceva sempre che ai suoi tempi tutto era più bello. Porta Palazzo non era più bella, era diversa. Era come un piccolo paese a parte nella città. Ci si conosceva tutti. Ci si frequentava. Di tanto in tanto si organizzavano delle feste. Nel mese di maggio si celebrava la Madonna e il vescovo veniva a dire messa nel primo mercato coperto, lì dove della Madonna c'è una statua. Porta Palazzo aveva i suoi personaggi: c'era uno, un certo Maurizio, il forzuto della piazza. Quand'era in vena di esibirsi, e succedeva spesso, sollevava pietroni enormi per mostrare la sua forza». Mi mostra dalle vetrine stipate di bottiglie dalle etichette colorate il lato della piazza dove oggi si tiene il mercato dell'abbigliamento. «Vede quell'angolo? Lì la domenica mattina si vendevano gli attrezzi per lavorare la terra. Sempre la domenica mattina c'erano battitori d'asta che vendevano bambole o lenzuola, e si faceva la lotteria. A Porta Palazzo parlavamo tutti in piemontese. Abbiamo cominciato a parlare italiano quando proprio in quegli anni sono arrivati a Torino i meridionali, era l'unico modo per capirsi». E com'è stato l'impatto sulla piazza? «Poco per volta, tanti banchi tenuti da piemontesi sono passati a meridionali. Che hanno sempre mostrato di lavorare sodo, e con questo si sono guadagnati il rispetto di chi in un primo momento li guardava con diffidenza. Oggi invece sono i meridionali ad andarsene, dopo aver venduto ai cinesi o agli arabi. È una ruota che gira». Di Porta Palazzo, anche in un recente passato, hanno parlato spesso le pagine di cronaca dei giornali. «A Porta Palazzo i ladruncoli ci sono sempre stati. Come dappertutto, del resto: non è che a Porta Pila abbiamo l'esclusiva. Diciamo che noi che ci viviamo e ci lavoriamo vorremmo che la gente non avesse paura di venire qui a fare la spesa. Le nostre battaglie per avere una piazza più pulita e ordinata sono motivate da questa ragione. Oggi, di tutti i negozi presenti sulla piazza quando i miei hanno rilevato questa drogheria, siamo rimasti sì e no una decina. Si vedono tante saracinesche chiuse, ed è un peccato. Una volta a Porta Palazzo si trovava davvero di tutto: adesso ci sono solo tanti bar. In particolare, corso Regina Margherita è una specie di linea di confine: la differenza tra chi sta di qua e chi sta di là si percepisce subito. L'ultimo a chiudere i battenti è stato Peter, qua dietro, in piazza Emanuele Filiberto. Anche se per noi apparteneva alla concorrenza mi è spiaciuto tanto». Com'è cambiata la gente che viene a trovarvi, rispetto alla clientela che avevate tra la fine degli anni Cinquanta e i primi anni Sessanta? «Direi che è cambiata in meglio, nel senso che una volta la gente beveva di più rispetto a oggi, e beveva liquori da poco. Adesso il gusto è diverso, si beve di meno e meglio. Forse un po' abbiamo contribuito anche noi, cercando di consigliare al meglio i clienti». Gli scaffali pullulano di bottiglie di ottimi vini italiani ed esteri, whisky delle riserve, grappe particolari. E poi marmellate, dolciumi, mieli, paste di meliga, cioccolato. E la pasta di Gragnano «verace». E il riso integrale. «Noi ci reputiamo fortunati, perché i nostri figli sono intenzionati a continuare l'attività di famiglia. Siamo molto affezionati a Porta Palazzo», dice la signora Damarco. E si vede che è sincera.

La signorina Jolanda De Maria, occhi azzurri, capelli bianchi, voce gentile, ha dedicato la vita alla parrocchia di Sant'Agostino, ed è la memoria storica del Quadrilatero Romano. «Sto in via delle Orfane dall'immediato dopoguerra. Prima abitavo in via Garibaldi. E quando adolescente mi sono trasferita qui ho già trovato i primissimi immigrati dal Meridione, saliti a Torino per lavorare in Fiat. In precedenza, in piazza Emanuele Filiberto e dintorni abitavano ancora i nobili. Sfollati per i bombardamenti, non tornarono più, e in molti decisero di affittare le loro vecchie case ai nuovi arrivati». Palazzi già stupendi, con tanto di soffitti affrescati e travi a vista, nel frattempo erano diventati fatiscenti, rivelandosi inadatti a ospitare i nuovi arrivati. «In realtà in queste soffitte i poveri abitavano già da un pezzo: veniva a visitarli Piergiorgio Frassati. Ma le nuove famiglie sbarcate a Porta Nuova erano molto numerose, e si ritrovavano a vivere in due stanze senza servizi. Nella casa dove mi trasferii con i miei, il bagno era in cucina. Ci volle un anno per ristrutturarla». In breve, i cortili si riempirono di bambini vocianti. «Chi arrivava in città si stabiliva qui perché grazie al mercato si riusciva a mangiare con poco. Poi però non appena entrava in fabbrica, facendo gli straordinari e lavorando anche la domenica come muratore, cominciava a mettere da parte il necessario per andare a vivere in appartamenti più dignitosi. Così ci fu presto un grande ricambio: in tanti si trasferivano a Mirafiori o alle Vallette, e altri li sostituivano». Uno dei problemi del quartiere era già allora la mancanza di spazi verdi. «C'è stato un tempo in cui ai bambini dei dintorni bastava attraversare la Dora per andare a giocare nei prati. Ma poi i prati sparirono, e io accompagnavo ogni giorno in tram una sessantina di bambini a giocare su in collina, dove non c'erano ancora tante ville e recinzioni. Abituati agli spazi angusti di via delle Orfane, si rotolavano nell'erba. Fu anche per questo che molto più tardi, quando si cominciò a parlare della riqualificazione del Quadrilatero, il vecchio parroco don Baudino chiese che lì dov'erano certi edifici diroccati, ridotti così dai bombardamenti, anziché costruirne di nuovi si creassero spazi verdi. Raccolse 3.500 firme, non gli diede ascolto nessuno». Ma andiamo con ordine. Dopo gli anni Cinquanta, vennero quelli del boom. «Già. Le case si riempirono di elettrodomestici, le strade e i cortili di 500. Della prima ondata di meridionali erano rimasti in pochi, ma gli alloggi erano sempre pieni. Poi, nei primi anni Settanta, venne chiuso il manicomio di via Giulio. C'era ancora il muro di cinta al posto dell'odierna cancellata. Lì un po' di verde era rimasto, e iniziammo a portarci i bambini dell'oratorio. Fu l'anteprima di Estate Ragazzi». Poco dopo, arrivò l'eroina. «E con lei il degrado. Il quartiere, dov'erano sorti magazzini di stoffe per il vicino mercato, iniziò a svuotarsi. Avevamo anche due donne di strada, gentili con tutti. Però trovavamo ragazzi stesi sulle scale dei condomini, riversi negli androni. Nei decenni precedenti, in queste strade c'era stata al più qualche zuffa, ed ecco invece gli scippi e le rapine. Una volta un giovanotto mi venne incontro deciso, puntava alla borsetta. Ero pronta a lasciargliela, ma lui si fermò: 'Oh, ma lei è la signorina che mi ha cresciuto all'oratorio, scusi'». Poi venne ricostruita la casa di via Santa Chiara che tutti qui chiamano 'le Torri', quella fatta a terrazze. «L'idea del progettista era che gli abitanti potessero condividere gli spazi. Ma il Comune ci mise persone seguite dai servizi sociali, spesso con problemi psichiatrici. E le Torri diventarono subito invivibili. Ci faccia caso, le terrazze sono ancora piene di barricate, altro che condivisione. Quanto agli appartamenti bisogna entrarci: sono stati pensati in modo singolare, con camere da letto minuscole, dove non sta neppure un armadio, e living enormi». Dopodiché, ecco la ristrutturazione delle case su via Bonelli, e per ultimo l'isolato San Liborio, che ora è residenza universitaria. «Il tessuto sociale è cambiato radicalmente. Dove prima vivevano in dieci adesso stanno in due. Il solo a prendere a cuore il problema degli spazi per i bambini è stato Carpanini. Mi dica che senso ha avuto abbattere gli alberi di piazza Emanuele Filiberto per costruire un giardinetto chiuso, perfetto per gli spacciatori». Negli anni Ottanta, dopo l'arrivo della droga e in vista della riqualificazione, vennero gli sfratti esecutivi e gli sgomberi. «Ricordo una coppia: avevano dodici figli, ma quando mi capitava di entrare nelle due stanze dove abitavano c'era sempre una grande allegria. I loro guai iniziarono quando vennero trasferiti in via Ormea». Infine, a partire dagli anni Novanta, la movida. «Dicono abbia eliminato il problema dello spaccio. In effetti ora avviene dietro l'angolo, in corso Regina Margherita. Il rumore non ci ha fatto dormire per anni, ora è un po' diminuito ma in compenso sono cambiati gli orari dei carretti diretti al mercato. Alle due chiudono i locali, e alle quattro partono i carretti. Non c'è rispetto per i bambini, gli anziani, gli ammalati. I doppi vetri sono inutili, in tanti se ne sono andati». Da ragazza la signorina De Maria avrebbe voluto fare la missionaria. «Non ho potuto per via dei problemi di salute dei miei genitori. Ma poi il mondo è venuto a trovarmi qui». Ed è così che ci salutiamo: deve correre in parrocchia, a distribuire i pacchi viveri ai poveri. Vecchi e nuovi.

Da parte mia ho sempre pensato che Porta Palazzo fosse il cuore pulsante di Torino. Poi, quando l'ho vista per la prima volta dall'alto, ho capito che oltre a essere il cuore pulsante è anche il porto di questa città: lo so, ci sarei potuto/dovuto arrivare prima, visto che a Porta Palazzo sbarcano storicamente tutti i nuovi arrivati, si tratti di marsalesi o avellinesi o aretini o maghrebini o algerini o tunisini o senegalesi o congolesi o cinesi. Sta di fatto che non ci avevo mai pensato, forse perché quando mi aggiravo per Porta Palazzo non riuscivo a vedere il mare. Ora invece è diverso. Perché ho scoperto che Porta Palazzo pullula di gabbiani. I gabbiani solcano il cielo sopra Torino a una certa altezza e, complici le tende che coprono i banchi del mercato, chi frequenta Porta Palazzo per farci la spesa molto spesso non si rende conto della loro presenza. E però i gabbiani di Porta Palazzo mentre volano o si posano sui tetti delle case che circondano la piazza cantano, o se preferite emettono il tipico verso dei gabbiani. Ma in pochi lo sentono: Porta Palazzo è attraversata costantemente da tram e autobus carichi di passeggeri e camion stipati di prodotti alimentari, e quando il mercato chiude entrano in azione gli addetti alla pulizia del medesimo, armati di tubi assai rumorosi che coprono qualsiasi altra fonte sonora. Così per i più i gabbiani di Porta Palazzo sono non solo invisibili ma anche inudibili, quasi che non esistessero. E invece esistono, e si divertono volando, e cantano le loro canzoni. E basta osservarli mentre virano o si tuffano eleganti, e ascoltarli, per rendersi conto che, anche se non si vede e non si sente, il mare a Porta Palazzo c'è, per il semplice fatto che altrimenti non ci sarebbero i gabbiani. Non so che cosa si provi a essere un gabbiano che vola sopra Porta Palazzo. Non ho idea dei testi delle canzoni che cantano i gabbiani mentre volano sopra Porta Palazzo. So però che ora che ho scoperto i gabbiani di Porta Palazzo penserò sempre a Porta Palazzo come a un cuore e come a un porto. E dato che come tutti coloro che amano il mare ne ho nostalgia quando il mare è lontano so anche che d'ora in poi mi basterà guardare il cielo sopra Porta Palazzo e mettermi in ascolto per vedere e sentire il mare. Anni fa un architetto illuminato voleva portare il mare a Porta Nuova. L'idea era geniale, e naturalmente nessuno la ascoltò. Sta di fatto che il mare c'è già. A Porta Palazzo. E c'è anche la pescheria.

Vista dall'alto, Porta Palazzo non sembra una porta, ma un porto. Potrebbe essere quello di Palermo, o di Napoli, o di Genova, o perfino di Tobruk, e invece è il porto di Torino. E gli autobus e i tram che vanno e vengono lungo corso Regina Margherita e corso Giulio Cesare paiono imbarcazioni, che la sera s'illuminano come piccoli piroscafi in manovra. Vista dall'alto, Porta Palazzo non smette mai di pulsare: l'andirivieni di esseri umani è incessante, anche se variabile, nel senso che nelle ore di mercato ce ne sono centinaia, se non migliaia, e a un certo punto della notte invece si tratta di poche unità. Tuttavia Porta Palazzo non è mai deserta, c'è sempre almeno un tiratardi o uno zombi o uno spacciatore all'angolo con il corso intitolato alla sovrana che ispirò la pizza più famosa oppure dietro piazza Emanuele Filiberto. Vista dall'alto, Porta Palazzo parla, strepita, urla. C'è un venditore del reparto frutta e verdura che ogni mattina grida: «Sono vivi! Sono vivi! Guardate come si muovono!», e deve avere un certo *sense of humour*, visto che non sta nel reparto pescheria e vende olive. Il lavorio, a Porta Palazzo, è incessante: i banchi del mercato, a mercato finito, vengono smontati, e poi scattano le pulizie, e con queste le perlustrazioni di chi cerca tra gli scarti e i rifiuti che cospargono il selciato qualcosa di commestibile. E come si è accennato non si tratta di barboni, ma di giovani, e di adulti, non di rado vestiti più che dignitosamente. Vista dall'alto, Porta Palazzo è uno spettacolo strepitoso, fatto di luci e colori e suoni, roba che nemmeno il Cirque du Soleil. Anche perché i tram, a Porta Palazzo, fanno sempre la scintilla. A Porta Palazzo si potrebbe fare uno studio fotografico/antropologico, e farne una mostra itinerante: ecco, questa è una massaia, e questo è un pusher, e questa una studentessa della Holden, e quest'altro un alpino di ronda, e questa una clown, e questo il figlio di un barbiere, e questa una nobile decaduta, e questo un vigile urbano che però è anche attore di teatro, e questa un'ex libraia che da sempre gira per il centro in bicicletta, e questo un borseggiatore, eccetera. Porta Palazzo è un porto e accoglie tutti, senza fare distinzioni, che parlino cinese o piemontese o siciliano o toscano o arabo, e di Torino è il cuore pulsante, si sa, e anche per questo è impossibile non amarla.

A Porta Palazzo certe sere si vede qualcosa di insolito. Ormai è buio e i banchi del mercato, che sono già stati smontati, non sono ancora stati rimontati. Gli uomini e i mezzi che puliscono l'asfalto dai resti della giornata di mercato sono ancora al lavoro, e alle fermate della Gtt (Gruppo Torinese Trasporti) non c'è davvero ressa, giusto tre o quattro persone in piazza della Repubblica e anche meno in corso Regina Margherita. Qualcuno passa in bicicletta. Altri transitano a piedi. I più vanno di fretta, senza alzare gli occhi al cielo, e senza soffermarsi su quanto accade dietro i vetri delle finestre illuminate dei palazzi che danno sulla piazza: qui una coppia cena a lume di candela, là due amanti giocano a scacchi, a fianco un tipo legge, un po' più in là un uomo e una donna fanno l'amore, e ancora più in là una ragazza si rolla una sigaretta. Sia come sia: chi attraversa la piazza non ha tempo per badare a queste cose, come si è detto va di fretta, tira dritto, non di rado a testa bassa. E oltre a non vedere le cose di cui sopra, non nota un elemento che nel contesto di Porta Palazzo potrebbe sembrare del tutto fuori luogo, ovvero una limousine rosa lunga lunga e col tettuccio aperto, da cui spunta chi l'ha affittata per l'occasione. La limousine solca lenta corso Regina Margherita, arriva all'incrocio con corso Giulio Cesare, mette la freccia e riesce incredibilmente a svoltare in direzione di via Milano, scrivo «incredibilmente» perché è davvero molto lunga e c'è chi non riesce a prendere una curva come quella nemmeno al volante di una 500. E chi l'ha affittata spesso a quel punto si sbraccia, dicendo qualcosa agli occupanti nascosti dai finestrini oscurati, forse indica loro il palazzo dello Juvarra fresco di restauro sopra la Galleria Umberto I, oppure la drogheria sotto i portici. Sta di fatto che poi, benché lentamente, la limousine sparisce, inghiottita dalla notte e da via Milano, e forse tra chi è fermo alla fermata del 4 c'è chi si dice: «Beh, stavolta ho proprio esagerato con gli alcolici», convinto di aver avuto un'allucinazione. E invece no, la limousine è passata davvero. E in realtà, non è affatto un elemento fuori luogo: perché si sa che a Porta Palazzo si trova di tutto, dunque perfino una limousine, anche se di passaggio.

Ad ogni modo: Porta Palazzo è Porta Palazzo. E per viverla fino in fondo, un sabato all'una e mezza mi sono anche fatto rubare il portafogli salendo sull'11. È un'esperienza che consiglio a tutti. Non si può dire di conoscere veramente a fondo Porta Palazzo se non si è almeno subìto un furto o uno scippo o una rapina. Il fatto è che per quanto mi riguarda i miei sentimenti nei confronti di Porta Palazzo non sono mutati dopo quel giorno. Amo Porta Palazzo. E l'amerò finché vivrò.

La dispensa

Dove leggerete di un ambiente che in «Torino è casa mia» non c'era: si tratta di una delle modifiche venutesi a creare in seguito alla ristrutturazione.

Una mia zia buonanima nell'enorme dispensa munita di freezer formato caravan teneva di tutto: e quando scrivo *di tutto* intendo proprio di tutto. Pane, pasta, patate, riso, pomodori e fagioli e pesci in scatola, olive, marmellate, sottaceti, sale, pepe, zucchero, caffè, olio, aceto, frutta secca, dolciumi, non a chili ma a quintali, anzi tonnellate. Quand'era bambina, al tempo della guerra, aveva patito la fame, e ho sempre pensato che la sua mania di accumulare provviste destinate a durare anche anni, lustri, decenni o addirittura secoli per non dire millenni derivasse dal fatto che volesse non farsi trovare impreparata nell'eventualità di un nuovo conflitto mondiale. Naturalmente, la buonanima finiva spesso per mangiare un mucchio di roba scaduta.

Fino a ieri una delle dispense più note di Torino stava in salotto: era PAISSA in piazza San Carlo. Poi, complice la crisi, anche PAISSA ha abbassato per sempre le saracinesche, almeno lì dov'era la sua sede storica. E anche per chi non si era mai potuto permettere di varcarne la soglia e si era solo e sempre limitato ad ammirare le sue vetrine gonfie di prelibatezze di ogni sorta, dal salmone scozzese al cioccolato svizzero allo champagne francese al caviale siberiano, si è trattato di uno choc. Di fatto, la chiusura della sede storica di PAISSA nel novembre del 2013 ha avuto la stessa valenza simbolica dell'evacuazione dell'ambasciata americana a Saigon il 30 aprile 1975, o dell'innalzamento della bandiera dell'Urss sulla cupola del Reichstag semidistrutto il 1° maggio 1945, o della presa del Palazzo d'Inverno il 25 ottobre 1917, o della presa della Bastiglia il 14 luglio 1789: si è trattato a tutti gli effetti della fine di un'epoca, o se preferite della certificazione del fatto che malgrado i proclami ufficiali improntati al più classico ottimismo di facciata, Torino stava attraversando uno dei momenti più difficili della sua storia recente, alla pari del resto del Paese, peraltro. «Siamo riusciti a fare le Olimpiadi perché Torino sarà anche in Italia ma non è come il resto del Paese», si diceva con orgoglio in certi circoli cittadini all'epoca dei fasti del 2006, quando piazza Castello era ancora la Medal Plaza e la sua pavimentazione non era ancora tutta rattoppata a colpi di catrame. Meno di dieci anni dopo, invece, Torino è proprio come il resto del Paese. Rattoppata, appunto.

Suor Maria Letizia Maiolini, nata in provincia di Brescia, è da qualche anno a questa parte responsabile della Comunità delle Figlie della Carità di San Vincenzo de' Paoli, al numero 24 di via Nizza. «La mia decisione di entrare in comunità risale ormai a quarantacinque anni fa. A convincermi è stata la grande esperienza di questa congregazione, che si occupava e si occupa di servire i poveri. Dapprima ho fatto un corso da infermiera in alcuni ospedali italiani, poi sono stata mandata a Parigi per accogliere in quella città gli italiani che lì andavano a curarsi, dopodiché ho trascorso diciotto anni in Mozambico, come missionaria». Suor Maria Letizia opera in via Nizza con altre tre consorelle e con una cinquantina di volontari. «Giovani e anziani, di ogni estrazione sociale, che donano se stessi, il loro tempo, imparando a ridimensionarsi e a guardare con occhi diversi il prossimo. Ci danno una grossa mano. Senza il loro aiuto come faremmo?», sorride, allargando le braccia. Il centro di via Nizza accoglie i senza fissa dimora italiani e stranieri. «Quelli che un tempo si chiamavano barboni. Cominciamo il mattino presto, alle sette e mezza, servendo la colazione: nessun altro lo fa, in città, e abbiamo una presenza media di centotrenta persone». Tre giorni la settimana ci sono i colloqui con i nuovi arrivati. «Per conoscere le loro storie e le loro necessità. E per iniziare così ad accompagnarle lungo il loro percorso, anziché pensare solo a soddisfarne i bisogni». In via Nizza i senza fissa dimora trovano il vestiario, la possibilità di farsi una doccia e di passare dal barbiere, oltre che di venire medicati nell'ambulatorio infermieristico, dove sono frequenti i casi di mal di denti, mal di testa e piaghe ai piedi. Ma non solo. «Cerchiamo di trovare loro una casa, il che vuol dire anche pensare alle suppellettili necessarie, dal letto al tavolo al passeggino nel caso abbiano figli piccoli, e un lavoro, utilizzando Internet o il vecchio passaparola». Una parte importante del lavoro quotidiano riguarda lo smistamento degli oggetti ricevuti in dono. «Tutto può servire, e non ci stanchiamo mai di battere sul concetto di riutilizzo, di riciclo. Purtroppo oggi anche i poveri hanno introiettato l'idea che le cose vecchie si buttano, al contrario di quanto accadeva in passato. Ma una tazza sbeccata o una credenza rigata assolvono ancora le loro funzioni, anche se non sono più nuove». In via Nizza 24 ci sono sei posti letto, utilizzati nel corso dell'ultimo anno solare da circa venticinque persone. «Accogliamo donne in difficoltà, magari gravide o neomamme o comunque con minori, spesso vittime di abbandono o di maltrattamenti. Il nostro obiettivo è rimettere in piedi la persona, fare sì che riprenda a camminare con le sue gambe. Per questo diamo, ma allo stesso tempo chiediamo: vogliamo che i nostri amici si diano da fare, per spezzare la sistematicità della povertà, per far sì che non si perpetui. È una cosa che la nostra congregazione cerca di fare a livello mondiale, anche per mezzo del microcredito. Ecco perché più che limitarci ad assistere preferiamo accompagnare». La Torino che passa per via Nizza 24 è cambiata, nel corso degli ultimi anni. «Una volta da noi venivano i cosiddetti barboni, persone che una volta finite in strada non riuscivano più a reinserirsi nella vita normale, e che si presentavano male in arnese, come succede quando si dorme all'addiaccio su un pezzo di cartone. Oggi, e succede da cinque anni a questa parte, arrivano invece persone dall'aspetto dignitoso. Sempre più spesso si tratta di italiani che hanno perso il lavoro o che ne hanno uno precario che non permette loro di pagare un affitto. Certi in famiglia hanno alle spalle una situazione difficile, in seguito a separazioni o divorzi. Nel 98% dei casi si tratta di uomini, mentre le donne che vengono a bussare alla nostra porta hanno problemi di tossicodipendenza o psichiatrici». C'è di tutto: anche chi, pur avendo una bella professione e un ottimo curriculum, si è ritrovato da un giorno all'altro senza più lavoro per il semplice fatto di non essere più giovane o a causa del fallimento della ditta in cui era impiegato. «Il problema più grande naturalmente è quello della casa, che neppure gli enti pubblici riescono a soddisfare: quando si dorme per strada non è possibile presentarsi al meglio per un colloquio di lavoro». Se tra gli effetti della crisi c'è anche la diminuzione delle donazioni, suor Maria Letizia è convinta che la città sia più attenta di un tempo al tema della povertà. «Organizziamo visite dei ragazzi delle medie, per sensibilizzarli e far loro capire che i nostri ospiti sono innanzitutto persone».

E poi, nella città dei santi sociali, c'è la Bartolomeo & C., fondata dall'indimenticabile Lia Varesio. «Lia diceva sempre che noi dovevamo dare la canna da pesca, non il pesce», racconta Marco Gremo, che dalla scomparsa di Lia Varesio è presidente della Bartolomeo & C., l'associazione di via Camerana 10, nata nel 1979 e battezzata così l'anno successivo, in seguito al ritrovamento nei pressi del Duomo del cadavere di Bartolomeo, morto congelato in una notte d'inverno. In quest'altro inverno ghiacciato Marco Gremo, che da ragazzo era affascinato dall'idea di partire per dare una mano in una qualche missione in Africa, ricorda perfettamente l'incontro con Lia Varesio, avvenuto nella parrocchia del Sacro Cuore subito dopo il servizio militare. «'Vieni una sera con me che ti faccio vedere il Terzo Mondo anche a Torino', mi disse Lia. D'inverno, col freddo, i barboni dormivano nelle sale d'attesa delle stazioni o negli ingressi dei cinema. Noi, a bordo di una Fiat 500, facevamo il giro ogni notte, a Porta Nuova, Porta Susa e in via Fiocchetto. Eravamo in tre o quattro, all'epoca». E oggi? «Oggi la Bartolomeo & C. può contare su venticinque o trenta volontari, dipende dai periodi. C'è chi viene tutti i pomeriggi da trent'anni, come la nostra Elda. Chi una volta la settimana. Chi ogni quindici giorni, o anche una volta al mese. Qualcuno fa il medico, qualcun altro l'operaio, ci sono commercialisti e avvocati. Tutti però devono avere la capacità di accettare l'altro. Non è facile interagire con i nostri utenti, perciò per i volontari organizziamo dei veri corsi di formazione, con psicologi e anche criminologi».

71

Chi segue il turno di notte, prestando servizio nel nostro dormitorio, lo fa dalle 19 alle 8 del mattino seguente. Ma com'è cambiata Torino in questi trent'anni, vista dalla sede della Bartolomeo & C.? «Oh, è una città quasi irriconoscibile. Un tempo, quando abbiamo iniziato, l'unica struttura esistente era il dormitorio di via Ormea. E chi viveva per strada aveva alle spalle percorsi diversi, rispetto a oggi. C'erano innanzitutto persone uscite dai manicomi, magari dopo avervi trascorso vent'anni per quegli stessi problemi caratteriali che oggi prevedono l'assegnazione nelle scuole di un insegnante di sostegno. C'erano uomini lasciati dalla moglie, o rimasti soli dopo la morte dei genitori. Oppure ex prostitute ormai anziane. Il tratto comune era la solitudine, e con questa una grande sofferenza interiore. Oggi vengono a bussare alla nostra porta persone normali, che hanno perso il posto e con questo anche la casa e la famiglia. Ex manager licenziati che dopo aver cercato inutilmente di reinserirsi nel mondo del lavoro si sono giocati gli ultimi risparmi alle macchinette del videopoker e sono finiti a dormire in auto. Ragazzi arrivati dal Sud con la speranza di trovare un'occupazione, e che però si sono trovati a fare i conti con una realtà ben diversa da quella della Torino del boom degli anni Cinquanta e Sessanta. Per dire: nel nostro dormitorio c'è chi si presenta col computer portatile, e lo usa per cercare lavoro». Solo che, anche se poi trova una qualche occupazione, fa molta fatica a mantenerla. «Per andare a lavorare devi avere un tetto sotto cui abitare. Devi poterti nutrire, vestire, lavare. Il problema di uno che magari riesce a farsi prendere in prova da una pizzeria è che in tutti i dormitori bisogna presentarsi entro l'ora di cena. Se esci dal lavoro alle dieci di sera o a mezzanotte, ti ritrovi fuori. E con le paghe odierne non ti puoi certo permettere di dormire tutte le notti in pensione». Chi non ha problemi di etilismo o tossicodipendenza spesso finisce per cascarci, complice la depressione e la vicinanza con chi ha consuetudine con sostanze e alcolici da anni. Nel dormitorio Il Bivacco di via Saluzzo 9/d e nel Campo Base di via Galliari, dov'è nato un progetto di convivenza guidata, la Bartolomeo & C. può ospitare un certo numero di persone. «Ma da un paio d'anni in qua, da quando è scoppiata la crisi, riceviamo sempre più richieste, e se prima i tempi di rotazione ci consentivano di ospitare gli utenti anche per tre mesi, oggi purtroppo non riusciamo ad andare oltre i trenta giorni». Lia Varesio ha sempre detto che le sarebbe piaciuto veder aprire un centro gestito dal Comune, e si chiedeva perché mai l'ex clinica Salus, chiusa da trent'anni proprio nei pressi della stazione, non potesse diventare un rifugio per i suoi amici barboni. «Per arrivare al punto di accoglienza della Pellerina, a cui si accede da corso Lecce, bisogna attraversare tutta la città, e inoltrarsi nel parco. C'è chi ha paura di farlo, nel buio. E da sempre chi dorme per strada gravita intorno alle stazioni, in centro». L'emergenza gelo, in compenso, è stata gestita al meglio. «Tutti si sono subito dati da fare: il Comune e la Caritas, la Protezione Civile e i City Angels, la Croce Rossa e gli Amici di Lazzaro, le Sant'Egidio e le suore di Betania, e anche l'Esercito. Grazie ai posti letto creati a Porta Nuova e alle tende piazzate davanti alla stazione, nessuno è morto di freddo. Ma dopo l'emergenza, viene la quotidianità».

Dopodiché, c'è Eataly. Eataly a Torino ha aperto la sua prima sede lì dove un tempo sorgeva uno stabilimento della Carpano, in via Nizza. Benedetto Carpano brevettò il suo vermouth nell'antica bottega di piazza Castello, oggi scomparsa ma ricordata da una targa quasi all'angolo con via Viotti, nel 1786. E nel realizzare la sede di Eataly, inaugurata in pompa magna nel 2007, si è pensato di preservare il ricordo della ditta che originariamente occupava l'ex stabilimento con la creazione di un piccolo museo, che tra l'altro comprende sei olfattori contenenti le erbe necessarie a distillare quella che era «la bevanda preferita del re». Negli spazi del museo durante il Salone del Libro si svolgono da alcuni anni le feste di importanti editori: gli scrittori ci vanno con la speranza di mangiar bene e bere meglio ovviamente aggratis, e magari di rimorchiare, anche se da questo punto di vista è indubbiamente più indicata la mitica festa di minimum fax. E negli spazi di Eataly, da subito contrassegnati da cartelli della serie CHI RUBA È UN LADRO, va in scena non solo nel corso della manifestazione libraria ma ogni giorno che Dio manda in Terra lo spettacolo del cibo di lusso, o se preferite di qualità, accompagnato dalle note polemiche: se digitate su Google «Eataly polemiche» saltano fuori in zero secondi più di 200.000 risultati, e si va dalle condizioni di lavoro dei dipendenti ai prezzi dei prodotti in vendita. Sta di fatto che oggi come oggi Eataly è la dispensa a cui si rivolgono i torinesi abbienti, oltre che un marchio conosciuto in tutto il mondo con sedi da New York a Tokyo. Da parte mia confesso di avere un debole per un unico prodotto, le paste di meliga di Mondovì. Fino a che troverò un editore disposto a darmi un anticipo per pubblicare un libro o percepirò delle *royalties*, di tanto in tanto mi concederò il lusso delle paste di meliga di Mondovì.

L'altra dispensa di Torino sta in cucina ed è sempre il mercato di Porta Palazzo nella sua variante alimentare, con i famosi contadini sotto le tettoie in stile liberty che ricordano le antiche Halles parigine. Ma di Porta Palazzo si è già detto. Resta da dire che a Porta Palazzo c'è un'altra targa a ricordo di un altro torinese illustre: Francesco Cirio, che nel 1856, appena ventenne, fondò l'azienda specializzata nella conservazione in scatola degli alimenti, a cominciare dai piselli, basandosi sul metodo Appert, che aveva prodotto le prime razioni a lunga conservazione per i soldati di Napoleone, ma migliorandolo. Da cui il metodo Cirio. Il bello è che la maggior parte degli italiani credono che la Cirio sia una marca napoletana. Ma del resto Torino è la più grande città meridionale d'Italia dopo Napoli, quindi ci sta. Più o meno. Quanto a me, conosco una signorina che per qualche tempo si è data veramente da fare per raccontare a chiunque le capitasse a tiro la storia di Francesco Cirio proprio a partire da quella targa. Non che fosse un'appassionata di pomodori in scatola. È solo che amando Porta Palazzo, il Balon e dintorni, sentiva la cosa come sua. Quasi. E poi la pagavano anche. Poco. Ma.

La sala da pranzo

Dove intanto il Quadrilatero Romano, già in auge una decina di anni fa, sta vivendo un momento non felicissimo, visto che secondo la legge della transumanza di questi tempi tutti vanno a San Salvario; e dove però io continuo ad andarci, anche perché a San Salvario non hanno né il Pastis né la Focacceria Sant'Agostino, e poi a dirla tutta devo ammettere che sono tra quelli a cui San Salvario ha sempre messo tristezza, saranno i colori o le vie strette, per cui capisco che chi ci va a un certo punto senta il bisogno di evadere e dunque ecceda nel consumo di alcolici o sostanze.

La sala da pranzo a Torino è diffusa e dipende va da sé da che cosa si ha voglia di mangiare, fermo restando che trovare locali che pratichino ancora la cucina piemontese è ormai più complicato che imbattersi in un ristorante cinese o in un kebabbaro. Detto questo, io sono un torinese tipico, ovvero mezzo siciliano. E mi piace mangiare tedesco.

Si diceva prima del fatto che a Torino è più facile imbattersi in un ristorante cinese o in un kebabbaro che trovare un locale in cui si faccia ancora la bagna cauda. Ma la gastronomia più esotica di Torino, non lontano dalla Porta Palatina dov'è ormai possibile mangiare in locali che propongono piatti indiani, cinesi o arabi, ma anche libanesi, curdi, giapponesi, argentini, persiani, turchi, egiziani, russi e perfino torinesi, quella che davvero non ti aspetteresti di trovare con le sue vetrine scintillanti ripiene di piatti dai nomi incomprensibili ai più, sta al numero 10 di via Stampatori, e la sua cucina non è né asiatica né africana, ma tedesca, e si chiama La Deutsche Vita, ristorante, gastronomia, takeaway e gourmet store. Ovvero, un pezzo di Germania atterrato in via Stampatori, con tanto di panche e tavoli e ombrelloni all'aperto come nel più classico dei Biergärten. L'idea che ci siamo fatti della cucina tedesca ha spesso a che fare proprio con ciò che si mangia d'abitudine in tali luoghi dedicati agli adoratori della birra. E dunque, wurstel e crauti. Che qui non mancano, ma che le due amiche Claudia Franzen e Sabine Schumacher hanno accompagnato con piatti tedeschi, scelti da una cucina ricca di varianti regionali che non corrisponde assolutamente allo stereotipo fatto di pesantezza e di mancanza di fantasia. E dunque ecco le torte salate con zucchine o con cipolle e speck, e la crema di patate dell'Eifel con lonza affumicata, e la Schnitzel con patate, e il gulasch, e le mitiche torte: al rabarbaro, di pere e mele al vino rosso, di nocciole e cioccolato. Da parte mia, memore di antichi fasti berlinesi, mi sono portato via delle *Buletten*, o polpette, consapevole del rischio che correvo per il semplice fatto che le avrei paragonate a quelle di Gambrinus, storico ristorante di Mitte. Ebbene: le *Buletten* della Deutsche Vita non sono da meno di quelle che si gustano sulla Linienstrasse. Sopraffine, e fatte come in casa, cioè con amore. E allora? E allora per mangiare tedesco e bene non dovremo più spingerci oltre il Brennero.

Originaria di Münster, in Westfalia, Sabine Schumacher è arrivata a Torino nel 1988. «Avevo ventiquattro anni. In Germania avevo conseguito la maturità con l'indirizzo artistico, mi piaceva molto l'idea di fare qualcosa di creativo con le mani. Avrei voluto diventare orafa, e dopo la maturità avevo fatto quattro anni di apprendistato. Con il diploma di orafa, ho potuto ottenere una borsa di studio europea, ed è così che sono venuta qui, dove ho iniziato a lavorare in un'oreficeria del centro storico. Scoprendo che non era facile separarsi dalle proprie creazioni: ogni volta che vende un gioiello, un orafo si separa da un pezzo di sé». Alla fine degli anni Ottanta, Torino era molto diversa da com'è oggi. «In Germania aveva una fama bruttissima: più che una città, si pensava che fosse una fabbrica. E devo ammettere che il primo impatto non è stato facile. La prima cosa che ho notato sono state le aree gioco per i bambini: solo terra e ferro, da noi sarebbero state fuorilegge. Inoltre, come tutti i tedeschi, ero convinta che gli italiani amassero i bambini. Eppure in Germania in ogni banca e supermercato già allora c'era un angolo dedicato ai bambini, e nei bagni dei locali il fasciatoio: qui, niente». Tuttavia, dopo il primo impatto, la decisione di fermarsi e mettere radici proprio qua, nella città-fabbrica. «Che fabbrica non era affatto, almeno in centro. Con la nascita di mia figlia Francesca ho cominciato ad amare Torino, a partire dalla confusione di Porta Palazzo. Tutti quei cibi per me esotici, tutti quei colori e quei profumi. E poi lo stile di vita, così diverso rispetto alla Germania, dove mi sentivo sempre osservata e controllata». Oggi che Torino è casa sua, dov'è che si sente più a suo agio? «Beh, nella zona dove abito, in Vanchiglia, dalle parti di via Santa Giulia. È come una grande famiglia: ci si saluta, se si scende al bar sotto casa c'è sempre qualcuno con cui fare due chiacchiere. Vanchiglia è un luogo ospitale, dove si fa ancora vita di quartiere e dove c'è gente di ogni estrazione e classe sociale». Quando è cambiata la Torino che nel 1988 la accolse in modo un po' brusco? «Con le Olimpiadi, non c'è dubbio. Ho visto ridipingere le facciate degli edifici e curare le aiuole, e quando negli uffici postali ho trovato le prime macchinette per prendere il numero ho pensato: bene, ci stiamo avvicinando agli standard europei». Sabine Schumacher prima di diventare ristoratrice non ha fatto solo l'orafa. «Una sera, a casa di amici, mi presentarono il pittore Francesco Tabusso. Lui mi fece sapere che mi avrebbe voluta come modella, e dato che non avevo nessuna esperienza accettai chiedendomi se sarei stata io a dover pagare lui. È stata un'esperienza molto bella: aveva ottant'anni, e con lui si poteva parlare di tutto, dai funghi alla letteratura. Un giorno mi disse che ero la sua musa tedesca. Il nostro è stato come un innamoramento platonico, e a casa ho ancora diversi suoi quadri». E come sono i torinesi, visti dal bancone di un ristorante tedesco? «Gentili, curiosi. Ci chiedono consigli non solo sui piatti ma anche sui luoghi da cui provengono. A volte mi sembra di fare perfino un po' la psicologa, oltre che l'agente di viaggio». Ma come vi è saltato in mente di aprire un locale tedesco a Torino? «Io e Claudia siamo più che amiche, praticamente sorelle. Ci siamo conosciute qui, portando le figlie a scuola. Lei aveva studiato da cuoca ma non aveva mai avuto la possibilità di dedicarsi alla passione della cucina se non organizzando cene tra amici. E io a un tratto mi sono ricordata di essere cresciuta in una famiglia di ristoratori: i miei a Münster avevano il Zum Posthorn. Entrambe volevamo fare qualcosa di nostro, e sfatare i luoghi comuni sulla cucina del nostro Paese. Ecco tutto». A parte casa sua, in quale altro luogo di Torino si sente felice? «In piazza Vittorio, quando ci passo certe mattine in bicicletta e la trovo piena di bancarelle. Alle piste ciclabili e al traffico di Torino mi sono talmente adattata che paradossalmente faccio fatica a usare la macchina in Germania». Il primo posto dove porta gli amici tedeschi in visita? «Largo IV Marzo, specie d'estate quando si mangia all'aperto, è un luogo speciale. Adoro L'Osto del Borgh Vej». C'è qualcosa che invece detesta di questa nostra città? (Ci pensa su a lungo). «Beh, direi le piscine. Sia per come sono fatte, sia per gli orari che praticano». Vuole consigliare un locale ai torinesi, a parte naturalmente il suo? «Beh, oltre all'Osto direi Le Scodelle di via Stampatori». E lei dove si sente davvero a suo agio a Torino? «Al Bar Carmen di via Tarino. I proprietari sono calabresi, e la clientela prevalentemente sarda. È un posto così amichevole, dove mi sento coccolata». E detto questo, la torinese Sabine Schumacher mi saluta: deve correre a prendere l'altra figlia Annika all'uscita da scuola.

Ma Torino è anche, si sa, la città del Museo Egizio. E dunque pare logico mangiarvi egiziano. Mohamed Ibrahim, avvocato egiziano, mi offre un bicchiere di tè alla menta nel suo locale in via Milano 10, a metà strada tra il Municipio e Porta Palazzo. Il locale si chiama Sindbad Kebab, e a pranzo come a cena è costantemente affollato. I tavolini di marmo sono bianchi. Le pareti a mosaico verdi. E sotto la luce delle lampade arabeggianti l'unica cameriera va e viene dal bancone carica di falafel, tabulè, cuscus con carne o verdura e naturalmente kebab. «Sono arrivato a Torino dodici anni fa, nel 1990 – mi racconta il signor Ibrahim – dal Cairo. Avevo una laurea in giurisprudenza e qualche soldo da parte da investire. Così come succede piuttosto spesso, ho scelto di venire a Torino perché conoscevo qualcuno che era venuto a starci prima di me: mio fratello. Non te ne vai dal tuo Paese solo perché un amico o un parente l'ha fatto prima di te, evidentemente. Ma se scegli di farlo, cerchi di avere un appoggio. Mio fratello era già qui da un po' di tempo, conosceva Torino e aveva aperto un ristorante-pizzeria. All'inizio ho lavorato con lui in modo da imparare il mestiere, ma intanto mi guardavo attorno. E presto mi sono reso conto che all'epoca in città non c'erano locali come quelli che frequentavo nel mio Paese. Così ho deciso di aprirne uno». I ragazzi in maglietta bianca dietro il banco si danno da fare dalle parti del forno. Fuori si gela, ma qui si sta bene. Il tè è caldo e il profumo delle spezie intenso. «L'idea era quella di mettere in piedi un locale egiziano con cucina e cibo egiziani. E tre anni dopo, nel '93, l'abbiamo fatto. Al numero uno di via San Domenico, con una piccola gastronomia dove servivamo anche la pizza, come qui, anche se poi nella maggior parte dei casi chi viene da noi non prende una 'margherita' ma preferisce assaggiare i piatti della nostra tradizione». Il signor Ibrahim, per la verità, in cucina non mette mano. «Qui volevamo sviluppare un progetto di fast food orientale. E dal febbraio del 2001, quando abbiamo tirato su le saracinesche per la prima volta, abbiamo incrementato sempre più il numero di clienti italiani. Tanto che ora sono addirittura il 70% del totale, e continuano ad arrivarne di nuovi». Alle pareti, una serie di manifestini. Chi sono i torinesi che vengono qua, e che d'estate affollano oltre al locale anche il *dehor* che scende verso piazza IV Marzo? «Direi soprattutto giovani. Studenti, ma non solo. A loro piace l'idea di mangiare all'orientale. All'inizio erano molto curiosi, volevano vedere e assaggiare tutto. Poi, quando hanno visto che il cibo era buono e i prezzi adeguati, sono diventati clienti nel vero senso della parola. Nella maggior parte dei casi non vengono a mangiare da noi ogni giorno, naturalmente, perché le abitudini alimentari dei torinesi sono diverse dalle nostre. Ma chi ci conosce torna in media una volta alla settimana». E questa città tutta quadrata, così lontana dal Cairo? È cambiata durante questi anni? E se sì, come? «Ogni città ha la sua atmosfera, i suoi ritmi, il suo stile, i suoi colori. All'inizio degli anni Novanta, e fino alla metà dello scorso decennio, Torino era meno aperta di oggi. Di sicuro c'erano meno turisti, e forse meno torinesi andavano all'estero per conoscere culture e Paesi diversi. Oggi la situazione mi sembra molto migliorata. Da una parte Torino è diventata una città più cosmopolita, dove ci si confronta quotidianamente con culture differenti. Dall'altra, questo è un posto dove se fai bene il tuo lavoro la gente ti apprezza e ti rispetta. Chi viaggia poi, e vede locali come questo nei Paesi d'origine, riconosce i profumi e i sapori, e spesso desidera rimanere in contatto in qualche modo con i posti dov'è stato. Così si siede davanti a un tabulè e ordina un tè alla menta». Anche perché da queste parti gli alcolici non sono in vendita. «Siamo stati i primi ad aprire un ristorante senza alcolici. In molti ci avevano pensato, ma nessuno aveva avuto il coraggio di farlo. Pensavano che non avrebbero lavorato. Invece funziona. Per noi è una questione culturale, religiosa. Per voi forse un'abitudine nuova». Una volta alla settimana, in fin dei conti, si può fare. Fuori dal fast food all'orientale, due ragazze si fermano a consultare lo speciale menù italoegiziano corredato di fotografie e affisso accanto all'ingresso. Nonostante la stagione, hanno una bella abbronzatura. Magari sono appena tornate da una gita sul Nilo. Il signor Mohamed Ibrahim, che le vacanze le fa in Egitto soprattutto per andare a trovare la famiglia, si mostra ragionevolmente ottimista. «Finché un problema non si presenta, le soluzioni non vengono in mente. Torino è una realtà grande, moderna, sviluppata. E contrariamente al passato, la sua sorte non dipende più in tutto e per tutto da un'unica azienda. Può darsi che mi sbagli, ma per come conosco Torino credo che la città abbia le forze e le risorse umane per uscire dalla crisi. E che questa possa diventare uno stimolo in più per fare del nostro meglio, tutti insieme». Saggezza senza dubbio orientale, quella del signor Ibrahim. E magari, anche se viene da fuori, non si sbaglia.

Una delle maggiori ricchezze di Torino sta nel fatto che praticamente in ogni quartiere c'è ancora vita di quartiere. A noi sembra scontato, ma altrove le cose non stanno così. Ci sono città in cui per esempio il centro si è svuotato di attività artigianali e dove comprare il pane è un'impresa. Molti anni fa, diciamo una decina almeno, a Torino girava voce che presto San Salvario sarebbe diventato il nuovo quartiere 'di tendenza'. Era da poco esploso, alle spalle di Porta Palazzo, il Quadrilatero Romano, e c'era chi giurava che bisognasse comprare casa in via Saluzzo prima che anche lì i prezzi decollassero. In realtà, le cose hanno preso un'altra piega. San Salvario è diventato sì un quartiere 'di tendenza', ma più lentamente rispetto al Quadrilatero, e attirando un tipo diverso di pubblico anche grazie a luoghi come la Casa del Quartiere di via Morgari 14, sorta lì dove si andava ai bagni pubblici. Nel corso degli ultimi anni tuttavia c'è stata un'accelerazione del fenomeno, testimoniata dal fiorire di locali che, installandosi al posto di certe vecchie botteghe del quartiere, ne hanno cambiato il volto: tanto che transitando da queste parti sembra a tratti di stare in una piccola Berlino. È il caso di San Salvario, gastronomia ma anche bar ma anche panetteria ma anche focacceria aperta al numero 23/f di via Berthollet, già 'terra di nessuno' stando alle pagine di cronaca di appena pochi anni fa. Citavo Berlino: ebbene, chiunque si sia spinto a Prenzlauer Berg potrà ritrovarvi qualcosa da queste parti, tra mattoni a vista e pareti dipinte di bianco, atmosfera rilassata e tavolini a disposizione di una clientela prevalentemente giovane e non di rado munita di computer portatile. E vi si possono trovare perfino i *Bretzel*, anche se a dire il vero si tratta di una specialità innanzitutto bavarese.

Dopodiché, se proprio uno vuole mangiare piemontese va al ristorante Le Tre Galline nella via omonima o al Saletta, dietro corso Marconi. Sempre beninteso che abbia una certa disponibilità economica. Gli altri, quelli che non ce l'hanno perché non l'hanno mai avuta o magari ce l'avevano ma non ce l'hanno più, vanno da Cianci in largo IV Marzo, dove volendo ci si sfama con sei o sette euro a testa, e dove fanno i tajarin e il vitello tonnato e il coniglio al limone, anche se io lo preferirei al civet. Siamo dalle parti del Duomo, lì dove splende l'isola incantata di largo IV Marzo: scrivo splende perché largo IV Marzo è in effetti un angolo di città che emana in qualsiasi stagione una luce particolare, perfino quando fa buio, un ibrido tra la piazza e il cortile anche grazie ai pensionati che giocano a carte sulle panchine di pietra. Qui frammenti della Torino medievale, una vera rarità dopo gli interventi urbanistici voluti dai Savoia tra il Seicento e l'Ottocento, convivono con un moderno vespasiano, tra edifici popolari che fanno compagnia a nobili palazzi e alberi che scrutano dall'alto l'affollarsi degli affamati nei *dehors*. Già, perché una volta saturato il Quadrilatero nuovi locali hanno aperto al cospetto del monumento a Giovanni Battista Botero. Tra questi, per l'appunto, ecco l'assai intasato Cianci: versione contemporanea della 'piola', che in modo intelligente ha deciso di puntare su una cucina legata alla tradizione piemontese, proposta senza fronzoli e a prezzi economici, diventando in breve uno di quei posti dove specie la sera prenoti con tre giorni di anticipo oppure arrivi presto e sgomberi per le otto e un quarto o ancora ti metti in coda cercando di tenere a bada il borbottio dello stomaco. I tavolini sono quasi incollati tra loro, così da sfruttare al massimo ogni centimetro quadro, e dunque addio intimità, anche perché il viavai del personale è continuo. Ma già il vitello tonnato proposto tra gli antipasti mette di buonumore, e la soddisfazione cresce davanti a un bel piatto di tajarin con ragù di coniglio bianco, e all'agnello al forno con patate, cotto a puntino e saporito. Per il vino si suggerisce una bottiglia. Il fatto che il *dehor* sia aperto ai fumatori anche quando è chiuso per via della stagione può dare fastidio.

Ma dietro largo IV Marzo c'è da secoli il Caffè Vini Emilio Ranzini. Ora, non so voi, ma io adoro il Caffè Vini Emilio Ranzini. E dato che il Caffè Vini Emilio Ranzini a una certa ora chiude, tipo alle otto o giù di lì, è bene tenerne conto: è sempre un peccato passare da quelle parti e non fare una sosta nel solo locale di questo tipo – leggi 'piola' – che in tutto il centro storico abbia mantenuto la stessa gestione dalle origini ai giorni nostri. Entrare da Ranzini regala emozioni d'altri tempi a cominciare dalla porta che si apre sul bancone assediato dalle bottiglie, e dai tavoli di legno scuro. Saranno le vecchie etichette incorniciate alle pareti, o le foto del Grande Torino (sì, lo so, ce ne sono anche di quell'altra squadra che gioca a Venaria, ma non importa, a Ranzini si perdona tutto), o le luci, che rendono il locale un posto caldo, accogliente. Sarà anche la cortesia di chi sta dietro il bancone, e dà il benvenuto ai clienti senza cerimonie ma con un sorriso vero. Sta di fatto che è impossibile resistere alla tentazione di un bicchiere di Nebbiolo accompagnato da qualche classico, tipo il tagliere di affettati e formaggi, o le polpette, o i 'pescoi', o le acciughe al verde, fatte come vuole la tradizione e dunque burrose e saporitissime. Da Ranzini poi c'è questa cosa, questo miracolo: tu entri e subito ti senti a tuo agio, le facce delle persone sedute ai tavoli o in piedi al bancone sono serene, distese, gentili, dev'essere l'atmosfera che si respira nel locale, capace di contagiare chiunque. Lo si potrebbe quasi usare come terapia, il Caffè Vini Ranzini: quando uno è un po' nervoso o arrabbiato, dovrebbe sentirsi dire

«Vai a farti un giro da Ranzini» da chi gli vuole bene, perché se lo facesse il nervosismo e l'arrabbiatura gli passerebbero. Comunque: quando sono entrato l'ultima volta da Ranzini, tutti i tavoli erano occupati, e me ne sono rimasto in piedi al bancone. In un angolo due dall'aria felice amoreggiavano, in un altro una tavolata rideva, e in un altro ancora qualcuno pianificava un viaggio. Ma per quanto lontano si possa andare, per quanti bei posti si possano esplorare, sono sicuro che da nessun'altra parte al mondo c'è un Caffè Vini Emilio Ranzini. Poi per carità, il pianeta è pieno di locali che vale la pena frequentare. Ma non credo che vi si possano trovare le stesse acciughe al verde.

E va bene: andiamo pure noi a San Salvario. A San Salvario i locali in cui mettere le gambe sotto il tavolo non si contano più, in Comune le licenze non mancano al contrario dei soldi e chiunque pensa di potersi improvvisare ristoratore e ripetere il miracolo del Quadrilatero o della Lutèce che ai tempi d'oro affollava da sola piazza Carlina e oggi resiste eroica come una guarnigione della Légion Etrangère ai margini del deserto. Tra i non improvvisati di San Salvario che mi sento di consigliare, la pizzeria Il Sarchiapone al numero 17 di via Berthollet, dove al forno fa magie il pizzaiolo che un tempo sfornava margherite e napoletane all'Ambharabar di via Borgo Dora, e lo Scannabue, ristorante in largo Saluzzo che quando entri ti sembra di stare a Parigi anche se secondo me in chi ha progettato il locale non c'era l'intenzione esplicita di evocarla, o comunque non c'era la volontà di creare l'imitazione di una brasserie. Se la pizza del Sarchiapone è eccelsa, l'hamburger dello Scannabue è sublime.

A proposito di hamburger: in corso Siccardi, che non sta a San Salvario ma tra piazza Arbarello e via Cernaia, e in via

Rattazzi, che in effetti invece sta a pochi passi dai confini di San Salvario, ci sono le due sedi torinesi di M**Bun, che si pronuncia MacBun, che in piemontese significa solo buono, e che però ha dovuto mettere gli asterischi per evitare noie legali con quella nota catena americana. Ecco: se amate l'hamburger con patate, non potete non provare quello di M**Bun, fatto con sola carne piemontese certificata dal consorzio Coalvi, pane a lievitazione naturale, patate non surgelate. L'idea di questa agrihamburgeria piemontese è venuta a Rivoli a Francesco Bianco e Graziano e Paola Scaglia e tutti noi diversamente vegani non finiremo mai di ringraziarli.

Ma già che ci siamo, a proposito di corso Siccardi, sia che lo si imbocchi provenendo da via Bligny, sia che ci si immetta da corso Galileo Ferraris, se uno deve passare per corso Siccardi e deve passarci con l'ambulanza perché guida la medesima, e lo fa con l'ambulanza vuota, non c'è problema. Ma se l'ambulanza trasporta un ferito più o meno grave o un infortunato che magari si è fratturato la rotula oppure un malato di cuore che ha appena avuto un infarto, a chi sta al volante dell'ambulanza vengono i sudori freddi. Sì, perché corso Siccardi è spesso molto trafficato, non solo perché porta in via della Consolata che è tra le vie più trafficate di Torino, ma anche perché qualcuno ha avuto anni fa un'idea a dir poco geniale, ovvero ha dato ordine di allargare il parcheggio delle auto nei pressi di via Garibaldi e ha fatto posizionare apposite transenne, così da creare un meraviglioso imbuto proprio lì dove in realtà corso Siccardi è già diventato piazza Arbarello ma non si è ancora trasformato in via della Consolata. Ecco, proprio per via di quell'imbuto, che spesso va detto viene replicato nell'altra direzione di marcia all'altezza di via Cernaia, lì dove per un motivo o per l'altro i lavori in corso si succedono da decenni, ma che dico, da secoli, macché, da millenni, anzi eoni, lui è praticamente costretto a fare ciò che non vorrebbe, anche se a tutti gli effetti si tratta di una cosa che gli spetta di diritto. Ovvero, spinto dall'urgenza che non di rado contraddistingue le ambulanze dirette con il loro carico verso questo o quell'ospedale, si immette suo malgrado sulla cosiddetta corsia preferenziale. Ora, a chi passa per corso Siccardi in ambulanza la definizione di 'corsia preferenziale' per la corsia preferenziale del medesimo appare quantomeno sinistra, per non dire jettatoria. Preferenziale per dove? Per l'aldilà, forse? Già, perché in corso Siccardi la corsia cosiddetta preferenziale ostenta un numero di buche da far impallidire certe strade sterrate dell'India o del Perù, e per quanto un conducente di ambulanza premuto dall'urgenza si sforzi di fare attenzione, chi giace disteso sulla lettiga nell'ambulanza medesima vede immancabilmente aggravarsi la propria condizione, e meno male che da dove si trova non può vedere i manifesti pubblicitari delle note ditte di pompe funebri, assai frequenti in zona come altrove.

E sempre a proposito di buche: e le buche di via Cigna? Più che buche sembrano pozzi petroliferi. Specie nel tratto tra il Rondò della Forca e il Cottolengo. La Torino postolimpica tiene le casse vuote, e tutto il catrame disponibile viene usato per rattoppare con grande eleganza e pari rigore la pavimentazione in pietra di piazza Castello. A Torino le buche nell'asfalto sono così diffuse che al Politecnico c'è chi ci fa la tesi di laurea. E ogni tanto qualche torinese ci casca dentro e muore. Così, per evitare esborsi, in Comune hanno stabilito che se uno casca in una buca sono affari suoi, aveva solo da fare attenzione. Vista in una prospettiva turistica, comunque,

Torino ha tutte le carte in regola per diventare il più grande ed entusiasmante campo da golf del Pianeta. Ma se qualcuno all'Ufficio del Turismo dopo aver letto queste righe pensa di sfruttare l'idea, sappia che l'ho già registrata alla Siae.

Tornando alla sala da pranzo, a Torino negli anni pari si tiene il Salone del Gusto e la città viene festosamente invasa da migliaia di contadini che dopo aver seguito la filosofia del chilometro zero propugnata da Carlin Petrini con Slow Food attraversano il globo per partecipare alla manifestazione. Ma anche negli anni dispari in cui non c'è il suddetto salone, a Torino le qualità non mancano, si pensi al girovita dell'amico Bruno Gambarotta. Se uno vuole assaggiare cioccolata superlativa, ha l'imbarazzo della scelta tra via Lagrange angolo via Maria Vittoria, via Sacchi, piazza San Carlo o piazza della Consolata. Se vuole concedersi un gelato speciale può optare tra via Po angolo via Bogino, via Garibaldi tra piazza Castello e via San Francesco d'Assisi o via Accademia delle Scienze, via Soleri o corso Matteotti o via Cesare Battisti. Se smania per un sushi o un sashimi o un risotto thailandese da urlo corre in via IV Marzo. Se propende per salumi e formaggi e acciughe al verde da antologia si fionda in via della Basilica. Se è un fanatico di wurstel e crauti e polpette e aringhe di qualità superiore fa tappa in via Stampatori. Se non riesce a fare a meno di un caffè con panna da svenimento punta dritto verso il fondo di via Po sulla destra guardando la Gran Madre. Se desidera una pizza al taglio o una focaccia straordinaria va in via Lagrange vicino alla Rinascente dove la trova pure biologica oppure in via Sant'Agostino. Se lo stuzzica la cucina siciliana gustosissima e casareccia si accomoda in un *dehor* di piazza Emanuele Filiberto. Se vuol provare le meraviglie della pasticceria napoletana percorre i portici di corso Vinzaglio. Se vuole addentare una rosetta fatta come Dio comanda imbocca via dei Mercanti. Se preferisce il pesce fresco per cucinarselo a casa arriva a Porta Palazzo da via Tre Galline. Se anela una pizza napoletana col cornicione torna in via Stampatori all'angolo con via Barbaroux. Se sbava per un tramezzino ripieno d'arrosto si precipita in piazza Castello a metà tra via Po e la Galleria Subalpina. Se sente il richiamo delle paste di meliga fatte come le facevano al tempo dei nostri nonni va in via Nizza dalle parti del Lingotto oppure in via Lagrange. Se muore dalla voglia di addentare un hamburger a chilometro zero pedala fino in corso Siccardi. Se... se Torino città del Salone del Gusto ha così tante eccellenze e storie da raccontare in fatto di cibarie, perché non assegnare a questi e a tanti altri baluardi del cibo di qualità un Bollino Bruno Gambarotta, così che quando i forestieri capitano da queste parti l'anno dispari possano fare affidamento su chi è del posto e sa dove indirizzarli? Certo l'amico Bruno dovrebbe essere messo nelle condizioni di assaggiare tutto, prima di assegnare il bollino. E non so se è d'accordo.

Una cosa bella anzi bellissima del Salone del Gusto è che i contadini di Terra Madre che arrivano in città dall'Africa e dall'America Latina e dall'Oriente Vicino e Medio ed Estremo vengono ospitati in casa dai torinesi. Torino diventa davvero casa loro. E dato che questa è pur sempre la città in cui appena mezzo secolo fa si esponevano i celebri cartelli della serie NON SI AFFITTA A MERIDIONALI, va detto che da queste parti abbiamo fatto notevoli passi in avanti. Oh.

Il salotto

Dove da piazza San Carlo sono sparite oltre alle gru e alle sca-
vatrici anche le auto, anche se di tanto in tanto vi compaiono
baraccopoli, pardon, tendopoli sotto cui si svolgono mille e una
manifestazioni culinarie e non; e dove viene ancora praticato lo
sport preferito dai torinesi, ovvero pestare gli attributi del toro
dorato conficcato nella pavimentazione di fronte al Caffè To-
rino senza avere l'aria di volerlo fare davvero, e dunque calco-
lando abilmente ampiezza della falcata e numero dei passi: pare
porti fortuna a tutti, tranne che alla povera bestia in questione.

Un tempo il salotto di Torino era piazza San Carlo e solo
piazza San Carlo. Ora non più. Complice la pedonalizzazione
di molte piazze e vie del centro, i salotti si sono moltiplicati:
ci sono quello verde e grigio di piazza Carlo Alberto e quello
rosso e crema di piazza Carignano, quello squadrato e minuscolo di piazza della Consolata e quello stretto e oblungo di
via Lagrange. Nella nuova Torino, perfino un posto già *Lum-*
pen come l'appena citato largo IV Marzo rientra di diritto in
tale categoria: lì dove fino all'immediato dopoguerra c'erano
ancora i bagni pubblici, nel bel mezzo di una zona nota per la
presenza di alcune case di piacere poi chiuse dalla legge Mer-
lin, oggi ci si dà appuntamento per conversare davanti a un

bicchiere di vino, o per prendere il gelato. Largo IV Marzo, che deve i suoi alberi all'intelligenza e all'ostinazione degli antichi abitanti del luogo, che chiesero e ottennero dai Savoia la possibilità di godere di quest'angolo verde che secondo i piani urbanistici dell'epoca avrebbe dovuto ospitare l'ennesimo edificio, è diventato un luogo di ritrovo a un tempo defilato ma prossimo rispetto a un'arteria di grande passaggio com'è via Garibaldi, e occupa una posizione strategica nei pressi del Municipio, del Duomo, della Porta Palatina e del mercato di Porta Palazzo. E pur non essendo un giardino viene percepito come tale, almeno tra le torinesi trentenni e quarantenni che lo frequentano per portare a spasso il cane o per portare a spasso i bambini. Quelle che portano a spasso il cane quando vedono quelle che portano a spasso i bambini si dicono che in fondo sono fortunate a portare a spasso il cane anziché i bambini, visto che il cane al massimo fa la cacca e tocca raccoglierla ma non strepita e non fa i capricci. Quelle che portano a spasso i bambini quando vedono quelle che portano a spasso il cane si dicono che in fondo sono fortunate a portare a spasso i bambini anziché il cane, visto che i bambini al massimo strepitano e fanno i capricci ma la cacca la fanno nel pannolino e non tocca raccoglierla. Esiste per la verità anche un terzo gruppo, benché più ristretto, ovvero quello delle torinesi trentenni o quarantenni che in largo IV Marzo portano a spasso sia il cane sia i bambini. E che mentre raccolgono la cacca del cane cercando al contempo di arginare gli strepiti e i capricci dei bambini tirano su il morale per il solo fatto di esistere sia alle torinesi trenta o quarantenni che portano a spasso solo il cane sia a quelle che portano a spasso solo i bambini.

Ma torniamo a piazza San Carlo. Ora, sia detto, anzi scritto, senza falsa modestia, o se preferite senza concessione alcuna al sabaudo motto «Esageruma nen»: con *Torino è casa mia* sono riuscito, nel mio piccolo, a creare svariati posti di lavoro, nonché a migliorare la qualità della vita dei torinesi. O almeno dei torinesi intestatari o cointestatari di un conto corrente presso la sede centrale del vecchio Istituto Bancario San Paolo di Torino, oggi Intesa San Paolo, al numero 156 di piazza San Carlo. Mi spiego: in *Torino è casa mia*, la sunnominata sede della celebre banca veniva citata a proposito dei grigi muri eretti tra una cassa e l'altra in modo da impedire ai torinesi in coda davanti a una cassa di vedere quanti torinesi in coda c'erano davanti alle casse adiacenti. Bene, un giorno, poco dopo l'uscita del libro, venni chiamato dall'allora direttore del San Paolo di piazza San Carlo, un certo Gianni Avonto. Aveva letto il libro. O meglio, gli avevano fotocopiato le pagine. Poi comunque il libro se l'è comprato. Ad ogni modo, era allo stesso tempo contrariato e contento. Contrariato per quello che avevo scritto, e contento perché l'avevo scritto. La conformazione del San Paolo di piazza san Carlo non piaceva nemmeno a lui. Poco dopo, al San Paolo di piazza San Carlo iniziarono i lavori per risistemare il tutto. Terminati i quali, i grigi muri non c'erano più. Apparentemente. Perché in realtà c'erano ancora, solo che la linea delle casse era stata spostata in avanti: così adesso i torinesi in coda a una cassa potevano vedere quanti torinesi in coda c'erano alle altre casse, ma i cassieri per parlarsi dovevano telefonarsi... Da allora ci sono state altre ristrutturazioni al San Paolo di piazza San Carlo, ora mentre scrivo per esempio sembra di stare in un ambiente a metà tra la sala d'attesa di un medico e la biglietteria di un'agenzia di viaggi... insomma: temo di avere dato il là, con le mie pagine sul San Paolo di piazza San Carlo, a un moto perpetuo fatto di progettazioni e ripensamenti, di modo che a fronte di una perenne confusione da parte della clientela, che non sa mai che cosa aspettarsi quando entra al San Paolo di piazza San Carlo, corrisponde una grande soddisfazione da parte di architetti e maestranze, che da anni continuano a modificare la sede del San Paolo di piazza San Carlo, senza mai raggiungere un livello accettabile da parte della direzione, che continua imperterrita nei suoi ripensamenti. Ed è tutta colpa mia.

Lei ha scoperto di recente l'utilità di piazza San Carlo, anzi la sua insostituibilità. Ma non a causa del parcheggio sotterraneo. E nemmeno per via del gran numero di caffè e negozi di prodotti alimentari e di abbigliamento di lusso che si affacciano sulla piazza lungo le due ali di portici. No, piazza San Carlo è utile, anzi insostituibile, perché oltre a essere diventata pedonale ha conservato il suo pavé. E lei e quelle come lei adorano il pavé. Difatti le si incontra chessò, in via Barbaroux come in via dei Mercanti, in piazza Carignano come in piazza Vittorio, in via Lagrange come in via Cesare Battisti. Lei e le altre come lei, dopo un po' che frequentano questo reticolo di piazze e di vie, tra cui, dimenticavo, piazza Carlina e piazza Maria Teresa, via Sant'Agostino e via Sant'Anselmo, si riconoscono. E talvolta, anche se in quanto torinesi non è facile, si salutano. Hanno d'altronde un argomento in comune, che però non è precisamente il pavé. Così nascono, se non amicizie vere e proprie, piccole frequentazioni quotidiane. Che si dipanano attraverso brevi dialoghi, anche perché fermarsi a parlare a lungo per loro non è possibile: lei e quelle come lei, se ci fate caso, sono praticamente sempre in movimento. Perfino quando entrano nei negozi. Ma da questi non di rado escono quasi subito, dipende dal fatto che sono pochi i negozi con le giuste dimensioni e poi è rarissimo che un negozio abbia una pavimentazione in pavé. Anzi, per quanto risulta a oggi, negozi con il pavimento in pavé non ce ne sono. Lei e quelle come lei, che come si è detto adorano il pavé, escono di casa la mattina o nel pomeriggio (il primo pomeriggio d'inverno, quando fa troppo freddo; il secondo pomeriggio d'estate, quando fa troppo caldo) proprio solo alla ricerca di pavé. E piazza San Carlo, oltre ad avere il pavé e ad essere pedonale, è anche bella grande, e a seconda delle necessità ci si può mettere al sole o al riparo dal medesimo, e insomma lei e quelle come lei non potrebbero farne a meno. Lei e quelle come lei non la pensano più come un salotto, anzi, come 'il' salotto della città. No. La pensano piuttosto come un'oasi di pace, dove la pace è garantita dal pavé e dal fatto di muoversi avanti e indietro su di esso. Lei e quelle come lei, se ci fate caso, spingono tutte una carrozzina. Che sul pavé, grazie al pavé, sobbalza. E che così facendo, culla il suo o la sua occupante, che di conseguenza in piazza San Carlo dorme. Evviva.

E poi, alla voce Salotto, ci sono i vari caffè storici. Non esiste in Italia un'altra città che ne abbia altrettanti: in ordine sparso, basti qui elencare Bicerin, Fiorio, Torino, Mulassano, San Carlo, Elena, Ghigo, Baratti & Milano, peccato solo per il Platti che al momento complice la crisi ha tirato giù le saracinesche, si spera non per sempre... A Roma hanno praticamente solo il Greco, a Firenze il Giubbe Rosse e il Paszkowski, a Napoli il Gambrinus. Indipendentemente dalle stagioni e dall'ora in cui si decide di entrare al Bicerin, per esempio, la sua luce è sempre accogliente. Complici le *boiseries* color miele alle pareti e il pavimento in parquet, i velluti rossi dei divani e il marmo dei tavolini, i confetti e le caramelle nei vasi trasparenti sugli scaffali e le etichette di vini e liquori adatti alla preparazione di zabajoni, punch e cordiali, le confezioni eleganti di biscotti e cioccolatini e gli specchi rettangolari, la lucente macchina per il caffè e la cassa risalente al XVIII secolo, il Bicerin è una festa per gli occhi e per i sensi dall'ormai lontano 1763, anno in cui un acquacedratario di nome Dentis aprì questa minuscola bottega dinnanzi al Santuario della Consolata, destinata ad assumere l'aspetto odierno ai primi dell'800 a partire dall'inconfondibile cornice esterna in ferro, con tanto di colonnine in ghisa e pannelli pubblicitari ai lati. È qui che nasce l'omonima bevanda, a base di caffè, cioccolato e latte. Ed è qui che, complici le dimensioni lillipuziane del locale, una servetta di ritorno dal vicino mercato di Porta Palazzo poteva gustarla gomito a gomito con clienti come Nietzsche, Rousseau o Cavour. Insomma: varcare la soglia del Bicerin equivale a fare un piccolo viaggio nel tempo, con la certezza che da due secoli a questa parte tutto è rimasto com'era: compresa la cortesia con cui il personale diretto dalla signora Marité Costa, da sempre tutto al femminile, accudisce la clientela. Entrare al Bicerin e non assaggiare il bicerin sarebbe un controsenso. Ma perché rinunciare ai favolosi e delicati zabajoni? Vale sempre la pena di spingersi fino al Bicerin. Poi, lasciarlo lì dov'è sempre stato sapendo che lo si ritroverà equivale ogni volta a portarsi via un bel ricordo. Nel mio caso, un fragrante e goduroso toast al cioccolato: se avete qualcosa da festeggiare, o se semplicemente volete regalarvi qualcosa di indimenticabile, provatelo. Vi pentirete soltanto di non averlo fatto in precedenza.

Il nuovo che continua ad avanzare sotto forma di abbeveratoio ha espulso nel corso degli ultimi anni dai portici metafisici di piazza Vittorio Veneto la possibilità di sorprese e il concetto di varietà: niente più succursale di PAISSA, da queste parti, addio tra gli altri al negozio di pianoforti e all'emporio per gli amanti dell'equitazione. In compenso, ora c'è un grande viavai di cubetti di ghiaccio, e non è escluso che l'ex capitale dell'auto diventi presto la capitale dei cubetti di ghiaccio, peccato che le vecchie ghiacciaie della città siano state trasformate in parcheggi sotterranei. A saperlo... Sia come sia: malgrado tutto, un paio di locali carichi di storia resistono. Uno sta proprio sulla piazza, ed è il famoso Caffè Elena. L'altro chiude in bellezza via Po, ed è il celeberrimo bar pasticceria Ghigo. Se appartenete come me alla schiera di chi è felice di sfamarsi a colpi di dolciumi, Ghigo è un punto di riferimento irrinunciabile. Già solo la panna, sempre freschissima, non ha praticamente eguali: e vale sempre la pena di portarsene via una certa quantità, a seconda delle stagioni e dei gusti addizionata di meringhette o di marron glacé. Poi c'è il reparto pasticceria secca, trionfo di baci di dama e paste di meliga, per tacere dei savoiardi, la prova concreta che non solo grazie a Mozart a questo mondo esiste ancora il sublime. Infine, per non fare ingiustizie, ecco un consiglio agli amanti del salato: se non l'avete mai fatto, provate i panini dolci o i croissant di Ghigo farciti di prosciutto. Da mandare nello spazio per mostrare agli alieni di che cosa sono capaci certi umani.

A Torino darsi appuntamento da Mulassano all'ora di colazione è forse il modo migliore per cominciare la giornata. Fondato nel 1907 in piena Belle Epoque, quando l'ex capitale progettata dagli urbanisti chiamati dai Savoia era una delle città più eleganti d'Europa, già frequentato dalla famiglia reale e caro tra gli altri a Gozzano e Macario, questo caffè profumato di caldi croissant e paste di meliga è un sogno di bellezza racchiuso in uno scrigno liberty intagliato nel legno e scolpito nel marmo. Luminoso di specchi, deve il recupero del suo antico splendore al restauro condotto con rigore filologico e passione autentica da Antonio Chessa, il suo penultimo proprietario.

Oggi che il signor Chessa non siede più al tavolino di fianco alla cassa, il Mulassano è diretto con una professionalità e una cortesia d'altri tempi da Ruggiero Cristiano, una vita trascorsa nelle sale di un altro caffè storico, il Fiorio. Nel 1925, al bancone del Mulassano venne inventato il tramezzino, tentazione irresistibile per generazioni di torinesi, lesti nell'individuare al di là delle vetrinette il triangolo formato dalle due fette di pancarré con il ripieno preferito, arrosto o gamberetti, tonno o tartufo. Da sempre, al momento di regolare il conto, gli amici che si danno appuntamento qui vanno alla cassa e a turno premono il pulsante che aziona l'orologio affisso alla parete dietro il bancone. La lancetta gira, e chi totalizza il numero più basso paga la consumazione. Complici le dimensioni del locale, gli impeccabili baristi del Mulassano ascoltano le conversazioni della clientela e con un'occhiata individuano cospiratori e amanti, filosofi e artisti, capitani d'industria e flaneur. Ma la loro discrezione è assoluta. Alla pari della professionalità. Detto questo, chi non ha mai provato il tramezzino di Mulassano si è perso qualcosa. Clamoroso quello all'aragosta, eccezionale quello farcito con l'arrosto. Ma potendoselo permettere, dato che naturalmente la qualità e la storia si pagano, bisognerebbe assaggiarli tutti.

Quando scrissi *Torino è casa mia* piazza San Carlo era un cantiere con tanto di gru, certo minuscolo rispetto alla Potsdamer Platz berlinese degli anni Novanta ma fatte le debite proporzioni altrettanto simbolico: anche qui si trattava di immaginare il futuro di una città. A Berlino ci hanno fatto un grande centro commerciale. A Torino ci abbiamo letteralmente sepolto le auto. Qualcosa vorrà pur dire. Oggi la piazza priva di auto accoglie i *dehors* dei caffè e di tanto in tanto le baraccopoli, pardon, tendopoli delle varie fiere e sagre, e nella prima metà di ottobre Portici di Carta, la manifestazione che porta nelle strade e nelle piazze le librerie indipendenti, a cui sono personalmente legatissimo. Piazza San Carlo da parte sua non si scompone. Che si tratti di ospitare il *Requiem* di Mozart o gli Orbital, resta impassibile di fronte al trascorrere degli eventi, degli umani e del tempo. Un giorno noi non ci saremo più, e con noi non ci saranno più nemmeno i nostri ricordi, ma piazza San Carlo sarà ancora lì, con i suoi cubetti di porfido, i suoi portici eleganti, e quel monumento equestre che resiste da secoli alle intemperanze di manifestanti e tifosi. A Piazza San Carlo, che oltre a essere assai elegante è parecchio algida, non importa nulla di noi. Lo si vede. È palese. E per questo è in fin dei conti la più torinese delle piazze torinesi.

E poi una sera in piazza San Carlo per la prima volta in vita mia ho fatto un reading con un naso da clown senza sapere che quando uno si mette un naso da clown poi la sua vita cambia per sempre.

Lo studio

Dove Palazzo Nuovo è sempre Palazzo Nuovo e col Palazzaccio costituisce tuttora l'unico serio motivo per augurarsi una terza guerra mondiale nella speranza che possibilmente senza fare vittime un paio di bombe per una volta davvero super-intelligenti tirino giù l'uno e l'altro; e dove Friedrich Wilhelm Nietzsche continua a sfidare il destino in via Carlo Alberto, lì dove ha scritto «Ecce Homo», il libro della sua vita.

Eh, lo studio. Un giorno passavo per via Verdi e avevo un appuntamento in piazza Vittorio ed ero in anticipo di mezz'ora e mi sono detto che erano davvero tanti tanti anni che non entravo a Palazzo Nuovo e chissà com'era cambiato nel frattempo. Così, facendomi coraggio, perché anche se non si deve sostenere alcun esame ci vuole sempre una certa dose di coraggio per salire la grigia scalinata che porta al grigio palazzo, mi sono spinto lì dove appena diciannovenne trascorrevo le mie giornate. La prima cosa che ho notato è stata l'incredibile scomparsa di un tipo umano, il fighetto di Palazzo Nuovo. Non ce n'era più traccia. Poi mi sono ricordato che a Palazzo Nuovo non ci sono più né Giurisprudenza né Scienze Politiche. Peccato, perché io ai fighetti di Palazzo Nuovo ero affezionato. Avevano perfino un modo tutto loro di camminare, che a me affascinava, staccavano il tallone da terra in modo diverso dagli altri studenti. Amen. Poi ho incontrato un tipo, seduto su una delle panchine di pietra nei pressi della scala che scende verso la Celid, che ricordavo perfettamente di aver visto seduto sulla stessa panchina nel 1984. A parte i capelli grigi, era identico ad allora, solo un po' più fuori corso. Dopodiché mi sono avventurato su per le scale, e dato che incombeva Halloween mi sono imbattuto nei volantini pubblicitari di un paio di feste: uno invitava i futuri dottori alla Notte degli Sbronzi Viventi (non male), l'altro prometteva il classico Nudi alla Meta con tanto di foto di studentesse discinte, roba che nel 1984 ci sognavamo. Per il resto, Palazzo Nuovo giaceva identico a trent'anni fa. No: l'aula 36 non era più oscurata. E sotto, in cortile, c'era una tettoia dov'erano radunati i fumatori, con una selva di posacenere. Durante le sessioni d'esame, Palazzo Nuovo visto da lontano deve sembrare un vulcano grigio sul punto di risvegliarsi. Ma in realtà dorme. E sogna di essere bello come l'università di Oxford. Fino a qualche decennio fa la zona intorno a Palazzo Nuovo era perfetta per darsi appuntamento al bancone o al tavolo di una piola. Oggi, tranne per una o due eccezioni, ci si può dare appuntamento al massimo in una finta piola, oppure prendere atto che il tempo passa e le generazioni si succedono e i luoghi cambiano e scegliere di farlo da tutt'altra parte. In questa seconda opzione rientra senz'altro il Rat Coffee Shop, che al numero 7 di via San Massimo angolo via Principe Amedeo ha preso il posto di una pizzeria al taglio a sua volta subentrata a una vecchia cartoleria a sua volta subentrata a chissà che cosa. Le ampie vetrine e le pareti dipinte di bianco, su cui sono esposte opere di artisti torinesi e non, danno a questo locale che è insieme un caffè, un cocktail bar e una galleria, una luce gradevole, e ci si ferma volentieri per fare quattro chiacchiere a uno dei tavolini in legno chiaro oppure per lavorare sul proprio portatile o rispondere alle mail, o anche solo per guardare con un misto di stupore e incredulità l'edificio all'altro angolo di via San Massimo, finalmente libero da ponteggi che parevano eterni. Sulle lavagne dietro il bancone provvisto di alti sgabelli e riviste a disposizione della clientela, ecco elencate alcune voci dell'essenziale menù: lasagne al forno, insalate varie, zuppa, roastbeef, hot dog e club sandwich, ovvero i classici delle caffetterie newyorkesi a cui s'ispira il Rat Coffee Shop, che per simbolo ha un topo con tanto di sigaretta tra le fauci, ma sul menù del giorno in forma cartacea si trovano primi come ravioli al ragù e pennette al salmone e secondi come spiedini di carne e carpaccio di pesce spada. Osservati dalle civette arancioni alle pareti, ci si fa cullare dalla musica di dj-set per nulla molesti. E a un tratto, pare davvero di stare in un posto insolito, almeno a queste nostre latitudini.

Eh, lo studio. Ma tutte le volte che anziché studiare siamo andati al cinema? Tutte le volte che passo per via Carlo Alberto lancio un'occhiata affettuosa al cinema Centrale. L'affetto che provo per il cinema Centrale deriva dal fatto che lì per la prima volta sono andato al cinema da solo, senza i miei genitori, se non ricordo male per vedere un film di Margarethe von Trotta. E poi il Centrale con la sua atmosfera da vero cinema d'essai mi ha sempre ricordato certi cinema del Quartiere Latino a Parigi, forse anche per via dell'adiacente giardino di Palazzo dal Pozzo della Cisterna, che chissà perché da parte sua mi ha sempre riportato alla mente i Giardini del Lussemburgo, anche se in scala 1:72. Sta di fatto che, mea culpa, in realtà è da un pezzo che non vado al cinema al Centrale, e nel frattempo al cinema Centrale è successo qualcosa di abbastanza straordinario. Già, perché lì nell'ingresso, dove una volta c'erano giusto i cartelloni che reclamizzavano i film in programmazione con le relative recensioni e magari un tavolino o un espositore con le utilissime schede di presentazione delle pellicole medesime redatte dall'Associazione Italiana Cinema d'Essai o Aiace, qualcuno a un certo punto ha pensato bene di metterci dei libri. Nello specifico, la libreria Therese: che in realtà sta in corso Belgio 49, e che però oltre a stare lì è anche una libreria volante, nel senso che porta storie e voci e dunque anche pubblicazioni di narrativa e saggistica e poesia e varia in giro per la città e anche al di fuori dei suoi confini, dovunque ci sia qualcuno che desidera ascoltarle. Peccato che poi il felice esperimento si sia concluso: ma è bello prendere atto che Torino sa offrire questi piccoli, grandi, confortanti piaceri.

Eh, lo studio. Un luogo dove studiare a Torino è la Biblioteca Civica Villa Amoretti, immersa nel verde del giardino che la circonda. Quando mi viene voglia di farmi un giro nella Torino raccontata da Fruttero & Lucentini nel loro romanzo *La donna della domenica*, non vado al Balon, troppo cambiato, e nemmeno in via Barbaroux, dove sono scomparsi i tossici e le signore che facevano tintinnare le chiavi di casa al passaggio di clienti abituali ed eventuali, ma in corso Orbassano. Perché corso Orbassano, a distanza di tanto tempo, è rimasto corso Orbassano. Per carità, anche lì sono cambiate di sicuro un mucchio di cose, non ne discuto, a cominciare dalle attività commerciali. Ma basta non fare caso alle insegne dei negozi, e guardare in alto, le facciate dei palazzi. Ecco: quelle facciate hanno per me un potere incredibile, ogni volta in corso Orbassano mi basta alzare gli occhi per viaggiare nel tempo e ritrovarmi nella Torino dei primi anni Settanta. E un giorno che passeggiavo da queste parti, abbeverando gli occhi alle facciate dei palazzi di corso Orbassano, sono inciampato. E quando ho riacquistato l'equilibrio, io che tutte le volte vago da quelle parti con gli occhi all'insù, ho posato lo sguardo su un giardino, o meglio un parco, meraviglioso. Il parco di Villa Amoretti, contenente svariati alberi e panchine e viali e bimbi e mamme e nonni e ragazzi e ragazze, e la biblioteca comunale, ospitata nella magione edificata dalla famiglia omonima nella seconda metà del Settecento per poi essere ceduta ai conti Rignon. E quando mi sono inoltrato prima nel parco e poi nella biblioteca, e quindi di nuovo nel parco e poi ancora nella biblioteca, non ho potuto fare a meno di pensare: ma che meraviglia, questa Villa Amoretti, col suo parco e con la sua biblioteca. Roba da prendere subito in prestito *La donna della domenica* anche se lo si è già letto, così da rileggerlo direttamente sul posto, al cospetto delle facciate anni Settanta dei palazzi di corso Orbassano. A parte il fatto che la biblioteca è molto fornita, e dunque si può viaggiare con agio anche altrove, pur seduti su una panchina di Villa Amoretti.

Eh, lo studio. Che poi nello studio di casa uno non è che si limita a studiare, ci lavora pure. Certo succede di rado che lo studio sia visibile a tutti: solitamente è un luogo in cui ci si rifugia in cerca di concentrazione e dove dunque ci si isola. Ma a Torino, che non è una città come un'altra, a questa regola si fa eccezione. Per esempio da Born in Berlin. Born in Berlin, Made in Turin. Un filo di lana – ma a seconda delle stagioni può diventare di lino o cotone – collega le due città bagnate da otto fiumi: Po, Sprea, Dora, Havel, Sangone, Dahme, Stura, Panke. Rigore e fantasia. Severità e immaginazione. Ma soprattutto: cura. Judith Hohnschopp e Simone Mussat Sartor riescono a coniugare rigore italico e fantasia teutonica, severità sabauda e immaginazione prussiana. O viceversa. Nell'epoca dell'opera tecnicamente riproducibile e dunque riprodotta in serie in via San Dalmazzo 9 ogni capo viene disegnato e confezionato singolarmente. Judith disegna, taglia, cuce, prova, disfa, ritaglia, ricuce, riprova, ridisfa, una, due, tre, quattro, cinque volte: finché non è soddisfatta, ostinata e concentrata come solo una tedesca a Torino. Simone, che ha allestito l'atelier lì dove un tempo c'era un antiquario e prima ancora un negozio di pianoforti, si occupa di pubbliche relazioni e vendite on line e non, e produce da solo la linea di capi in pelle, deciso come solo un torinese a Berlino. Con i due, Teresa, tedesca di nascita ma con genitori italiani. E il posto trasmette emozioni: non solo grazie ai bianchi soffitti stuccati e alle antiche *boiseries* e ai pavimenti in parquet, ma anche perché in duecento metri quadri si passa dall'idea iniziale al capo finito, tra lampade da tavola e rocchetti di filo, macchine da cucire e ferri da stiro, e matite da disegno e fogli di carta e centimetri e forbici, e tavoli e scaffali pieni di scampoli di stoffe e pellami, e a terra spilli, aghi, fili, e un continuo andirivieni, perché il numero 9 di via San Dalmazzo somiglia a uno di quei luoghi misteriosi in cui ci s'imbatte nelle storie di Corto Maltese, si fa il viaggio da Torino a Berlino andata e ritorno varcandone la soglia. Su un tavolino e sulla mensola accanto a un vecchio divano, libri e riviste: le opere complete di Friedrich Wilhelm Nietzsche, torinese illustre, e accanto a queste Audrey Hepburn e John Galliano, e cataloghi sui giovani stilisti europei, e pile di «Vogue», e naturalmente l'«Indice dei Libri del Mese». Alla radio, sempre sintonizzata sul quinto canale, solo classica e lirica, niente chiacchiere. La creatività richiede disciplina: non sarebbe possibile altrimenti disegnare, tagliare e cucire cento nuovi capi a stagione tra Uomo e Donna, senza mai proporre lo stesso due volte di fila, salvo venire incontro alle richieste di chi, innamorato di un pantalone o di un abito, torna a chiedere sempre quello, magari cambiando tessuto a seconda dell'umore o del clima. Quattro taglie standard, e per chi vuole abiti su misura: anche nel caso si voglia un determinato modello in un altro tessuto, o viceversa. Inventare cose sempre nuove, in certi casi simili perché Born in Berlin è uno stile ben preciso, questa la sfida che attende Judith e Simone ogni giorno quando mettono piede al numero 9 di via San Dalmazzo. Con loro, oltre a Teresa che fino a pochi anni fa gestiva il negozio berlinese, c'è sempre anche uno stagista: ora per esempio tocca a Ibrahim, sarto afghano che ha chiesto asilo politico in Italia. Intorno a lui, sui tavoli e sugli scaffali, scampoli con tutte le tonalità del nero, del grigio, del marrone. Qua e là, lampi verdi, rosa, ecrù. Judith e Simone non frequentano né gli uffici stile né le fiere, e non ricevono rappresentanti: sulle loro biciclette battono magazzini sconosciuti ai più dalle parti del cimitero o del Parco Dora, facendo incetta di stoffe e pellami. Poi pedalano sulla via del ritorno, e pedalando già lavorano di fantasia alla prossima collezione. C'è chi per dare un'occhiata a Born in Berlin prende l'aereo, anziché la bici: è il caso di certi giapponesi che, scoperto il marchio in rete o su una rivista, non si accontentano di comprare on line ma vogliono vedere coi loro occhi e naturalmente fotografare questa specie di Wunderkammer all'angolo con via Barbaroux, dov'è possibile assistere in diretta a tutte le fasi della lavorazione. E c'è chi invece torna da queste parti per approfittare del servizio di riparazioni gratuito, garantito a tutti gli estimatori di questa sartoria per metà tedesca e per metà italiana, nata nel 2005 dall'incontro tra Judith e l'ex socia Julia. All'epoca Born in Berlin occupava pochi metri quadri nel cuore del Quadrilatero Romano. Impossibile mettere quotidianamente in scena la nascita di uno stile in uno spazio tanto limitato. Ma qui in via San Dalmazzo angolo via Barbaroux è diverso. È come poter assistere contemporaneamente alla rappresentazione di un'opera e alla sua scrittura e alle prove. È come farsi un giro nell'area che presiede alla creatività nelle teste di Judith e Simone. Lo si può fare dal lunedì al sabato dalle 11 alle 19,30. Nelle teste di Judith e Simone infatti c'è anche una cucina elettrica e il giro lo si può fare nella propria pausa pranzo. Salvo scoprire che la sera prima, in questi stessi locali, hanno suonato il bassista Stefan Schneider dei To Rococo Rot o la violoncellista Julia Kent oppure il nostro Orlando Manfredi. Perché tre o quattro volte l'anno Judith e Simone regalano musica o performance ai loro amici. Qualcuno ne approfitta per chiedere un ritocco alla giacca presa la primavera precedente. E loro non sanno dire di no. Born in Berlin. Made in Turin. Due città. Otto fiumi. Cinque macchine da cucire. Migliaia di scampoli. Milioni di spilli. Duecento nuovi modelli ogni anno. E un cuore solo.

Eh, lo studio. Il mio studio di tatuaggi preferito se ne sta al numero 1 di via Stellone, ovvero a due passi da via Nizza e a quattro dal Lingotto. È lì che lavora di trapano Johnny Cat, al secolo Gianluigi Fassio, che della passione per i tattoo Old Style alla Sailor Jerry ha fatto il suo lavoro. Johnny è un grande: sulla porta d'ingresso ha appiccicato una foto di Costantino Vitagliano con la scritta IO QUI NON POSSO ENTRARE. E poi, dato che suona la chitarra in un gruppo Rock'a'billy, esegue i suoi capolavori in pelle e inchiostro al suono di classici come Johnny Cash e compagnia bella. Johnny è uno che se entri e gli dici «Mi fai un tatuaggio? Però non so che cosa, fai tu», ti sbatte fuori senza tanti complimenti. Johnny che è un maestro nell'arte della sfumatura. Johnny che è di una precisione che nemmeno Lee Harvey Oswald in quel di Dallas. Johnny che devi prenotarti con settimane se non mesi di anticipo. Johnny che i suoi jeans Levi's anni Venti col risvolto e i suoi stivali Red Wing se li mette anche in pieno agosto. Johnny che il suo Schott di cuoio in stile Marlon Brando ad agosto lo tiene appeso in negozio. Johnny che su e-bay trova giacche alla Elvis Presley e quando può si fa una vacanza nel profondo Sud degli Stati Uniti battendo mercatini delle pulci e simili. Johnny che come tutti i veri tatuatori i primi tatuaggi se li è fatti addosso e poi ha avuto la tentazione di coprirli. Johnny che una volta gli è capitato di sentirsi chiedere da una ragazza di coprirgli un tatuaggio che si era fatta appena sopra il culo, non il classico tribale ma la scritta ARBEIT MACHT FREI. Johnny che un suo tatuaggio non ti verrebbe mai in mente di coprirlo, tranne per quello col nome di... Johnny, col fatto che sta in via Stellone e tifa per il Toro sperava che Stellone, all'epoca centravanti del Toro, venisse a farsi tatuare da lui. Johnny che ha tatuato svariati giocatori del Toro a comincia-re da Jimmy Fontana, il portiere che giocava col numero 31 sulla schiena perché quello era il numero dei caduti dell'ae-reo schiantatosi a Superga il 4 maggio 1949. Johnny che allo stadio è sempre andato in Curva Maratona. Johnny che non puoi non volergli bene, anche quando ti tortura.

Eh, lo studio. Che poi per molti lo studio corrisponde a un laboratorio. Paola Mantoan per esempio non è medico ma si occupa ogni giorno della salute di tutti noi: come tecnico di laboratorio, lavora in quello preposto al controllo alimenti e igiene delle produzioni dell'Istituto Zooprofilattico di Tori-no, nel quale vengono controllati i cibi di origine animale e, dal 2009, vegetale. «Dato che ci occupiamo di Mta, ovvero di malattie trasmesse dagli alimenti, siamo reperibili anche il sabato e la domenica, nonché durante le festività. Nel 2010 per esempio mi è capitato di lavorare il giorno di Capodanno: in un ristorante nei pressi di Ivrea alcune persone si erano sentite male dopo il cenone, e i medici del Sian, il Servizio Igiene Alimenti e Nutrizione, hanno prelevato i resti del pasto e ce li hanno portati la mattina del 1° gennaio». In base alla competenza territoriale stabilita dalla Regione, Paola Mantoan e i suoi colleghi controllano i distributori di latte crudo per evitare che salmonella, staffilococchi, listeria e *E. coli* O157 finiscano sulle nostre tavole. «Ad Aglié, nel settembre del 2010, un bambino di due anni è deceduto dopo aver bevuto il latte della fattoria di famiglia: aveva contratto il morbo di Seu, la Sindrome Emolitica Uremica, causata proprio dal batterio *E. coli* O157». Tra i casi più noti al pubblico, c'è quello delle cosiddette mozzarelle blu. «Eravamo nel mese di giugno, ancora del 2010, e abbiamo condotto analisi su analisi per giorni e giorni. Inizialmente c'era stata la segnalazione di mozzarelle blu acquistate presso un hard discount e provenienti dalla Germania. Poi però ne erano saltate fuori anche di produzione italiana. Sono stati i Nas a portarci i campioni. Noi li abbiamo analizzati e abbiamo riscontrato nella maggior parte la presenza di un batterio, lo *Pseudomonas*. In laboratorio allora abbiamo messo a punto una metodologia per verificare se i ceppi isolati nei campioni tedeschi fossero gli stessi isolati nei campioni italiani. Ma dalla mappatura e dalle analisi abbiamo capito che tra i due ceppi non c'era alcuna parentela». A Torino arrivano campioni da analizzare anche da Liguria e Valle d'Aosta. «Per esempio nel caso si debbano effettuare indagini sulla tossina botulinica. Ricordo il caso di una coppia di anziani, ricoverata presso l'Ente Ospedaliero Ospedali Galliera di Genova dopo aver consumato una salsa a base di melanzane e di mandorle: il tipico caso del vasetto di vetro che presenta un rigonfiamento del coperchio. Entrambi i signori soffrivano di diplopia e avevano una paralisi facciale, sintomi caratteristici del *Clostridium botulinum*, che poi abbiamo individuato». Tra le analisi condotte nei laboratori di via Bologna 148, quelle di tipo microbiologico e i test condotti per ricercare corpi estranei negli alimenti. «In genere però si tratta di campioni che arrivano aperti, dopo che si è attivato il sistema di controllo sugli alimenti formato dal Sian, dai Nas e dall'Asl in base al Prisa, o Piano Regionale Igiene Alimenti e Sicurezza. Tra i casi recenti, il topo nei fagiolini rinvenuto da un consumatore in una latta acquistata al supermercato». Poi ci sono i prelievi nei mercati, fatti da vigili sanitari. «A volte sono veterinari che lavorano per l'Asl e che fanno riferimento al Regolamento 2073, concepito per stabilire gli standard inerenti l'igiene alimentare, e dunque i controlli, i campionamenti, le analisi e il modo in cui vanno condotte, i limiti patogeni, la deperibilità degli alimenti, che si riferisce a quelli con tempi di conservazione inferiore ai trenta giorni». Ogni campione ha il suo controcampione: «L'analisi viene condotta su un'aliquota del campione, e se il risultato è non conforme il laboratorio ripete l'analisi sul controcampione. In caso di esito positivo, si convocano produttori e prelevatori, e le parti interessate possono nominare il perito di parte». Ma qual è stato il percorso di studi di Paola Mantoan? «Mi sono diplomata all'Ada Gobetti Marchesini, l'istituto in via Figlie dei Militari. Ora occorre la laurea in Medicina e Chirurgia Tecnica di Laboratorio Biomedico, ma un decreto ha stabilito che il diploma conseguito prima dell'89 è equipollente. Poi ho avuto la possibilità di accedere a un master, e ora, dal 2010, mi occupo prevalentemente del coordinamento delle attività tecnico-sanitarie». E all'Istituto Zooprofilattico com'è arrivata? «Ho risposto a una chiamata dell'ufficio di collocamento nell'88, per un posto di quarto livello. Ho lavorato qui per un anno, poi ho vinto un concorso e sono finita a Vercelli. Ma per fortuna due che erano in graduatoria prima di me hanno rinunciato, e sono stata richiamata a Torino. Me l'hanno detto il 1° di aprile, temevo fosse uno scherzo. Invece era vero. Così nel 1990 sono tornata qui, al laboratorio controllo alimenti, dove mi sono sempre occupata di batteriologia». Gli orari dei tecnici come Paola Mantoan vanno dalle 8 del mattino alle 16,30, salvo emergenze. Ma lei un topo in una latta di alimenti comprata al supermercato l'ha mai trovato? «No, per fortuna. Però succede, ogni tanto».

Eh, lo studio. Di cui ormai fa parte quella cosa buona e giusta che è il Circolo dei Lettori al numero 9 di via Bogino, in cui i torinesi vanno sia per ascoltare reading e assistere a incontri ma anche per partecipare a gruppi di lettura o semplicemente leggere una rivista o un quotidiano nella cornice davvero stupenda di Palazzo Graneri della Roccia. Ecco: una cosa che a Milano come a Roma invidiano a Torino è proprio il Circolo dei Lettori, a tutti gli scrittori forestieri che incontro al di fuori dei confini della città gli brillano gli occhi quando rievocano quella volta che sono stati invitati a presentare il loro libro al Circolo dei Lettori. «Certo che voi a Torino siete proprio fortunati ad avere il Circolo dei Lettori», mi dicono immancabilmente, e nella loro voce riconosco, oltre alla nostalgia per quella volta che sono stati al Circolo dei Lettori e alla riconoscenza per essere stati accolti dal Circolo dei Lettori, anche l'invidia per il fatto che noi a Torino abbiamo il Circolo dei Lettori mentre loro no.

Eh, lo studio. Sia detto una volta per tutte: se Torino vuole darsi un futuro, puntare sulla cultura non vuol dire solo portare avanti eccellenze notevolissime quali il Salone del Libro o il Circolo dei Lettori o il Museo del Cinema o il Museo Egizio, peraltro alle prese con i famosi tagli e dunque chiamati a fare miracoli. Vuol dire fare di Torino una città capace di richiamare studenti da ogni parte del mondo: per ora lo fa il Politecnico. Ma non basta. E che un posto meraviglioso come la Cavallerizza Reale diventi da luogo di cultura un complesso di negozi e appartamenti di lusso è al di là di ogni considerazione estetica o politica una scelta da riconsiderare da un punto di vista strategico, se davvero si ha a cuore il futuro di questa città.

Eh, lo studio. Che poi dello studio fa parte anche il Cecchi Point in via Cecchi. Un grande cortile con un autobus parcheggiato di fianco a un campetto dove si può giocare a pallone, e una piola che in questa stagione pare sempre chiusa, e un bar-ristorante, e naturalmente le sale prova per teatranti e circensi e artisti mirabolanti e musicanti e acrobati e performer, e i ragazzi gentili che si occupano delle prenotazioni, e i bagni dove c'è perfino la doccia con l'acqua calda, e insomma tutto quello che serve per chi sogna di salire su un palco e per questo, giorno dopo giorno, fatica, si diverte, suda. È un concentrato di sogni e sudore, il Cecchi Point. E dire che scendendo o salendo per via Cigna, che del Cecchi Point è linea di confine col resto del mondo, sembra solo una vecchia fabbrichetta abbandonata. Ecco: a me il Cecchi Point fa venire in mente certi angoli di Berlino, a ben vedere ha anche quell'aria a metà tra post-bombardamento e postindustriale, e ogni volta penso al patrimonio enorme di vecchie fabbriche che avevamo e che sarebbero potute diventare altre sale prova e teatri e biblioteche e centri culturali e musei e gallerie e atelier e laboratori e sale studio eccetera e che invece sono state rase al suolo da ruspe e martelli pneumatici e squadre di operai per far posto a boschi di cemento irti di condomini pieni di balconi, perché il balcone lo si fa rientrare nei metri quadri della superficie di ogni appartamento e però al costruttore costa meno dei metri quadri della superficie dell'appartamento e dunque è fonte di guadagno. E a proposito di guadagno: quanto ci guadagna una città a costruire condomini? E quanto ci guadagna una città a costruire cultura? Che cosa portano a una città i condomini? E che cosa portano a una città i luoghi in cui si fa cultura? Una città che guardi al futuro suo e di chi ha scelto di viverci deve produrre balconi o cultura? Sia come sia, ormai è fatta. Tante vecchie fabbriche, talvolta meravigliose opere di architettura industriale, non esistono più. Da una sala prove del Cecchi Point fuoriesce il suono di una concertina. *La vie en rose*. Chissà chi la suona. Qualcuno che è ancora capace di seguire i suoi sogni.

Il bagno

Dove durante le Olimpiadi Invernali del 2006 si sono tenute le feste mitiche di delegazioni che affittavano le sale dei vari circoli canottieri, anche se la festa più folle pare l'abbiano data i russi alla Robe di Kappa ed era così esclusiva che chi c'è andato conosceva tutti, tranne ovviamente i russi.

Poi arrivi da via Po in piazza Vittorio, e il fiume lo senti, non hai bisogno di vederlo: perché mentre percorri i portici cari a De Chirico e Casorati la temperatura si abbassa, e l'aria diventa più fresca, e i tuoi piedi ti dicono che stai camminando in discesa, verso la corrente d'acqua che da Pian del Re arriva fino all'Adriatico, e quando i portici finiscono lui è lì, tra Superga e la Gran Madre e il Monte dei Cappuccini, sotto il verde degli alberi di Parco Michelotti e il rosso dei campi da tennis del Circolo Esperia, con i ponti che lo attraversano collegando il centro alla collina, e ogni volta pensi che quel tratto di città è il più bello in assoluto, e invidi i pescatori che ancora oggi gettano i loro ami dalla passeggiata dei Murazzi, aspettando pazienti e silenziosi che un pesce abbocchi e allo stesso tempo godendosi lo spettacolo.

Un quarto di secolo fa il tratto del fiume all'altezza di piazza Vittorio non aveva ancora visto il fiorire di locali notturni lungo la striscia d'asfalto dei Murazzi. E tra chi frequentava le facoltà umanistiche dell'università nel vicino Palazzo Nuovo, qualcuno ogni tanto scendeva fino al fiume, magari approfittando di una pausa delle lezioni, e si sporgeva dal parapetto per osservare il corso d'acqua e la minuscola cascata tra la Gran Madre e Parco Michelotti. Allora i pescatori erano più numerosi, e altrettanto pazienti e silenziosi. E un paio di vecchie barche invecchiavano ormeggiate alla destra del ponte Vittorio Emanuele. Bastavano quelle barche per sognare a occhi aperti il mare, e anche Corto Maltese, e Venezia, e Corte Sconta detta Arcana, e tutte le altre storie disegnate da Hugo Pratt. Dove oggi si aprono i club della Torino che vive di notte c'erano i portoni sprangati dei tanti magazzini in cui venivano depositate le merci arrivate in città via fiume. Vecchi lucchetti e catenacci arrugginiti, e superfici verniciate decenni prima con mani di azzurro o di verde, ora segnate dal tempo e dall'umidità, e in genere molto scrostate. Ogni tanto, un ciclista, oppure una coppia di amici in tuta da footing diretti verso il Valentino, o una signora col cagnolino. Dall'altra parte del fiume, il rumore attutito del traffico su corso Moncalieri, e i tennisti in tenuta bianca sui campi rossi di terra battuta, e in acqua qualche canoa.

Tra i tanti locali affacciati sul fiume, ce n'è uno appena dopo l'ingresso del Valentino, di nome Fluido. Somiglia un po' a una piccola nave ormeggiata tra gli alberi: le sue terrazze degradano verso l'acqua e dalle sale provviste di grandi vetrate si vede il tratto dove il ponte Umberto I unisce corso Vittorio Emanuele alla pre-collina. A notte fonda il ponte è ancora illuminato, e chi si trova nel locale in veste di cliente o perché ci lavora non può fare a meno di notare l'eleganza delle arcate che si stagliano gialle sull'acqua e vi si riflettono, spezzando il buio della notte e il nero dell'acqua. Perfino i dj di turno alla consolle di tanto in tanto sembrano farsi distrarre, e alzano gli occhi dalla puntina per posarli sull'arco luminoso del ponte e sulla sua immagine riflessa nella corrente.

Sul Po, nel tratto in cui il fiume costeggia il Valentino, ci sono le società di canottieri Armida e Cerea. La Caprera invece sta dall'altra parte, al numero 22 di corso Moncalieri. Nate nella seconda metà dell'Ottocento, continuano la loro attività ancora oggi. E chi lavora nei pressi del fiume e nella pausa pranzo esce dall'ufficio per mangiare un boccone in uno dei ristoranti che si affacciano sul Po, spesso osserva con una punta d'invidia quelli che approfittano di quel lasso di tempo per allenarsi a colpi di remi, e inevitabilmente pensa che non sarebbe male imitarli. Poi però si dice: «Già, ma se cadessi in acqua?». E allora si sente un po' meno in colpa per la sua pigrizia.

Già, perché il fiume arriva sporco in città, e ancora più sporco ne esce. Tra le sostanze che porta via da Torino, complici le acque reflue, un bel po' di cocaina. È un dato comune a molte latitudini: succede lo stesso a Londra come a Firenze. E del resto non c'è di che stupirsi, visto che proprio dalle parti dei Murazzi il mercato degli stupefacenti fiorisce come un tempo quello delle merci che arrivavano per via fluviale a Torino, e non è certo difficile imbattersi non solo a notte fonda in spacciatori e consumatori. Il Po, da queste parti, passando sfiora un po' tutti, e un po' di tutto. Non ha paura di niente. Al contrario, fa paura, almeno quando nei periodi di grandi piogge si gonfia e sale e quasi ruggisce, minacciando di straripare oltre gli argini e di inghiottire la città. Quando succede, i torinesi accorrono fin qui per assistere al temuto spettacolo, temendo sia di vederlo sia di perderselo. Tra i lampeggianti degli automezzi di pompieri e vigili e forze dell'ordine, si affacciano dai ponti e dai parapetti del lungo Po aggrappati ai loro ombrelli, e aspettano, pazienti come i pescatori, o quasi. Affascinati dall'incombere della catastrofe, guardano il fiume che con il passare delle ore si gonfia fino a sommergere la passeggiata dei Murazzi e poi i locali, portandosi via tutto quel che trova. Mucchi di rami e interi tronchi d'albero intanto si lasciano trasportare dall'acqua, e non di rado finiscono per incagliarsi nelle arcate dei ponti. Poi a notte fonda la folla poco per volta si dirada, restano solo i tiratardi professionisti, i proprietari dei locali e i carabinieri comandati a controllare la situazione. Se intanto la piena è diventata una notizia di rilevanza nazionale, si nota anche la presenza di un furgone che sulla fiancata porta il logo di una qualche televisione. Se per caso si accende la luce di una telecamera, chi si trova nei paraggi fa di tutto per entrare nell'inquadratura, e subito sorride e si esibisce in ampi cenni di saluto, oppure chiama amici e parenti con il cellulare per avvertirli dell'evento. Dove l'evento non è l'esondazione del fiume, ma il passaggio in tivù.

«Il mio sogno era comprarmi una barca, andare a vivere al mare. Stavo per farlo, ma poi mi sono innamorato. Allora, anziché comprarmi una barca, ho comprato casa. E per amore di una donna, sono rimasto a Torino». Roberto Campis, cinquantatré anni, è in Amiat, l'Azienda Multiservizi Ambientali di Torino, dal 1989. Ma in barca, dai primi di marzo a fine settembre, va almeno tre volte alla settimana. Sul Po. Con cinque colleghi, tiene pulito il fiume tra i Murazzi e Moncalieri. «Un mestiere bellissimo», s'illumina quando ne parla. «In Amiat sono stato assunto grazie a una delle ultime chiamate del vecchio collocamento. All'epoca ero disoccupato da una settimana: prima avevo fatto il panettiere, dodici ore a notte, e lavorato alle ferriere, alla Teksid di corso Mortara e nella sede di corso Regina Margherita, poi diventata Thyssen-Krupp. Ho respirato molta polvere alla colata, anche lì facendo spesso il turno di notte. Chi è addetto alla colata arriva a considerare un vero paradiso il reparto laminazione». La settimana di disoccupazione, l'unica della sua vita, è servita a Roberto per riposare un po' dopo anni usuranti. «Già: rispetto alle mansioni precedenti, occuparmi dello spazzamento delle strade era un miglioramento non da poco. Ho lavorato con scopa e paletta anche a Tossic Park, senza mai usare diserbanti, solo il raschietto. Mi hanno dato quattro encomi. Poi sono passato alle macchine operatrici, allo spazzamento meccanizzato e alla raccolta del vetro. E una decina di anni fa, sono venuto a sapere di un concorso interno: cercavano personale per la pulizia fluviale». Su trenta candidati, il concorso l'hanno passato in diciotto. «La prima scrematura è avvenuta nel momento in cui ci è stato detto che dovevamo saper nuotare. Poi abbiamo fatto un corso teorico, dove ci hanno insegnato una serie di cose sulla navigazione, e uno pratico, anche in piscina, perché chi lavora sul fiume deve essere in grado di compiere interventi di salvataggio nel caso il compagno di squadra cada in acqua. Anche se poi abbiamo il salvagente da vela, che consente libertà e rapidità di movimenti». La giornata lavorativa inizia alle sei e mezza, quando la squadra raggiunge la barca ormeggiata ai Murazzi. «In quel tratto raccogliamo lattine, bottiglie, bicchieri, i resti della movida. Ma non solo: un mattino ci siamo imbattuti nella testa di un cervo, bellissima. L'abbiamo lasciata nel fiume, come facciamo con i pesci morti: è cibo per l'ecosistema. Dai Murazzi navighiamo fino al parco delle Vallere, al confine con Moncalieri, dove in acqua ci succede spesso di trovare i sacchi dell'immondizia con i resti delle grigliate, e poi sacchetti di plastica, palloni, certe volte perfino frigoriferi, anche se, col fatto che a Torino al contrario di quanto accade altrove c'è il ritiro gratuito, negli ultimi anni la presenza di elettrodomestici e bidoni è diminuita. Comunque: impieghiamo un'ora, un'ora e mezza, perché non dobbiamo creare moto ondoso». Poi c'è la presenza di alghe, che di recente ha richiesto un intervento straordinario proprio ai Murazzi. «In quel tratto di fiume c'è un'ansa, e le alghe marciscono. Anche le alghe comunque servono all'ecosistema, fanno parte della vita del fiume». Una vita molto variegata. «Solo chi vive sul fiume si rende davvero conto di tutto ciò che popola il Po e le sue sponde: carpe, trote, oche, gabbiani, gallinelle d'acqua, aironi, cigni, falchi, lepri, serpenti. E naturalmente roditori, e tartarughe a non finire, che amano prendere il sole e che non di rado sono state abbandonate da qualcuno, come quelle rosse, esotiche, importate illegalmente». I topi hanno ulteriormente scremato gli addetti alla pulizia del fiume. «Sì, siamo rimasti in cinque proprio perché uno dopo l'altro i nostri colleghi hanno chiesto di passare ad altre mansioni per via dei topi. Che in effetti a volte sono davvero molto, molto grossi». Ma i pescatori mangiano i pesci che tirano su? «Gli italiani no, non credo: per loro si tratta di pesca sportiva. Ma tra gli stranieri c'è chi si porta via il pescato, e secondo me siamo noi gli schizzinosi. Il fiume è meno sporco di quanto sembra, anche se a volte ci succede di avvistare strane schiume. In questi casi svolgiamo la funzione di guardiani, e avvertiamo subito l'Arpa (l'Agenzia Regionale per la Protezione dell'Ambiente)». Roberto non cambierebbe mai il suo lavoro: «È bellissimo, non sembra nemmeno di essere in città. Torino, vista dal fiume, è meravigliosa in ogni stagione. Ed è un peccato che il Po non venga usato come una linea acquatica della metropolitana».

Quando nel 1989 il signor Eugenio Gradabosco, di origini siciliane, è entrato in Gtt, non si sarebbe mai immaginato di diventare prima marinaio, poi motorista-pilota e dunque capitano a bordo di un'imbarcazione. Ma talvolta la vita riserva sorprese. «Ventitré anni fa ho iniziato come manovratore sui tram. Poi, con la doppia mansione, ho fatto l'autista sugli autobus. Quindi sono diventato ascensorista alla Mole Antonelliana. Dopodiché, sono tornato manovratore sulla linea della cremagliera Sassi-Superga. Nel 2004, eccomi operatore tecnico nell'officina di Sassi, per la manutenzione dei treni della Dentera e dei tram storici nel frattempo tornati in circolazione in città. Infine mi è stato chiesto se volevo fare il marinaio a bordo di Valentino e Valentina. Ho accettato. Dopo sei mesi, mi hanno proposto di passare motorista-pilota, ossia di diventare capitano. Potevo dire di no?». Per mettere le stellette sulle spalline, il signor Gradabosco è dovuto tornare a scuola. «Ho fatto un corso con i vecchi capitani delle barche a elica, Valentino e Valentina, qui a Torino. Poi ho sostenuto l'esame alla Motorizzazione, e ho ottenuto la patente per fiumi, acque interne e mare fino a dodici miglia. E dal 2008 sono effettivo motorista-pilota sui battelli che percorrono il Po nel tratto tra i Murazzi e Italia '61». Ma quali sono le mansioni di un capitano in servizio presso la miniflotta urbana che solca le acque che bagnano il parco del Valentino? «Nel momento in cui prendo servizio, e prima di mettere in moto, devo seguire alcuni accorgimenti. Tutti i giorni bisogna controllare la pulizia dei cestelli, ovvero dei filtri di presa mare, che devono essere puliti in modo da permettere il raffreddamento dei motori, cosa che avviene pescando l'acqua del fiume. Poi, c'è da tenere il libro di bordo, un documento che si conserva per cinque anni. Sulle sue pagine segnalo i nominativi del personale in servizio, ovvero del capitano e del marinaio che lo accompagna, il livello del gasolio e le ore di lavoro dei motori e dei motogeneratori. La manutenzione scatta infatti dopo duecento ore di servizio, toccate le quali si fa il cambio olio e si sostituiscono i filtri di olio, aria e gasolio». A quel punto, la navigazione può iniziare sul fiume che a Emilio Salgari dovette evocare corsi d'acqua ben più esotici. «Il capitano è responsabile di tutte le manovre, e deve impartire le disposizioni necessarie sia al marinaio sia al bigliettaio, che opera solo nei giorni festivi. Una volta che tutto è in ordine, si mette in moto e si parte, controllando che ci sia il riciclo di acqua nelle condotte degli idrogetti, indispensabile per il raffreddamento del motore». Gli orari di lavoro, di sette ore, variano a seconda della stagione e dei turni. «Per quella estiva, il capitano entra in servizio alle otto e trenta e stacca alle quindici e trenta, oppure inizia alle dodici e trenta e smonta alle diciannove e trenta». La turnazione avviene su sei giorni. I marinai invece lavorano sette ore e quarantotto minuti, e turnano su cinque. E una volta partiti? «I passeggeri, che per ragioni di sicurezza non possono essere più di cento, vengono contati e istruiti dal marinaio, o quando c'è dal bigliettaio. Forniamo loro le cuffiette per l'uso delle apparecchiature audio che spiegano la storia del fiume e di Torino in italiano, inglese, francese, tedesco e spagnolo. Sui monitor intanto vengono fatti passare i dvd forniti dal Comune in cui vengono presentati gli eventi passati e futuri». E quando i passeggeri sono più di cento? «In estate può succedere, di solito la domenica. Ma se ci capita di dover lasciare dei clienti a terra, non è per molto: c'è il raddoppio del secondo battello e nel giro di venti minuti possono partire». Chiedo al signor Eugenio se ricorda il primo viaggio in veste di capitano. «Certo. L'ho fatto quattro anni fa, su una delle vecchie imbarcazioni a elica. Accanto a me c'era il mio istruttore, Mariano Lacavalla, che mi ha affiancato per le prime due settimane. Poi, un giorno, mi ha chiesto se me la sentivo di partire senza di lui. E con un po' di agitazione, l'ho fatto. Era una domenica d'estate, a bordo c'erano cento passeggeri e mi tremavano le gambe. Ma quando poi ho completato il giro e sono tornato alla base mi sono tolto un peso. Il punto è che su questo tratto di fiume c'è un tragitto ben preciso da seguire, così da evitare secche, rocce e blocchi di cemento, per esempio sotto il ponte Isabella, risalenti all'epoca in cui sul fiume operava l'idrovolante. A volte i passeggeri ci chiedono perché ci spostiamo a destra o a sinistra a seconda del punto che stiamo attraversando: dobbiamo farlo perché il pescaggio di questi nuovi battelli è di ottanta centimetri, il che comunque facilita le operazioni, visto che quello dei modelli a elica era di un metro e sessanta». Il siciliano Gradabosco, che ha seguito la nascita di Valentino II e Valentina II fin dal cantiere Vemar di La Spezia, non si sarebbe mai aspettato di prendere la patente nautica a Torino, in Gtt. «E nemmeno di vedere la città dal fiume. Vista da qui Torino la notte è uno spettacolo, mi creda».

Nel frattempo, i locali dei Murazzi, morosi di diverse annualità, sono stati chiusi, ed è stata aperta un'inchiesta per capire com'è che in Comune si sia tollerata la cosa, e c'è stato il funerale dei Murazzi, con tutti gli orfani di Giancarlo a sfilare lungo l'argine del fiume e l'acqua che scorreva via come la loro, la nostra giovinezza, e il cosiddetto popolo dei Murazzi si è spostato in massa a San Salvario, e a San Salvario un mucchio di residenti ha smesso di dormire e ha cominciato a lamentarsi del fatto che San Salvario non era più quella di una volta, e dire che una volta San Salvario aveva comunque qualche problemuccio, e però ci si poteva dormire, e poi ha riaperto il Beach pur se con qualche difficoltà, e dj Pisti proprio come un tempo ha fatto ballare anche i tavoli, e ogni tanto ai Murazzi muore qualcuno, ma sono cose che succedono, si sa.

Che poi in bagno noi torinesi ci teniamo le medicine, come peraltro i palermitani e i triestini. «In questa farmacia finora ho passato sessantacinque anni e quattro mesi: ho venduto il latte in polvere alle madri di certi clienti che ormai sono diventati nonni. Loro naturalmente non se lo ricordano, ma io sì». Il dottor Giuseppe Ferrero, classe 1921, è oggi il decano dei farmacisti di Torino. E dalle ampie vetrine della farmacia all'angolo tra piazza Savoia e via del Carmine che oggi continua a gestire con il figlio Carlo ha visto cambiare la città, e il mondo. «Ho iniziato a lavorare qui il 18 giugno 1944, due giorni dopo la laurea. All'università mi ero iscritto nel 1940, ma nel febbraio del 1941 ho ricevuto la chiamata per la Scuola Alpini di Aosta, dopodiché mi hanno mandato in Francia. A metà del 1943, ero sottotenente, mi han richiamato al deposito del reggimento, a Susa. Negli ospedali c'era bisogno di personale. Dopo l'8 settembre sono tornato a Torino, e ho fatto l'interno alla facoltà di Farmacia. Una volta dati tutti gli esami, sono entrato qua». Torino nel giugno del 1944 era lontana dal fronte, ma non dalla guerra. «In città c'erano i tedeschi, e il monumento al centro di piazza Savoia ne porta ancora i segni: in un punto si vede dov'è stato colpito da un carro armato. La notte c'era il coprifuoco per via dei bombardamenti degli angloamericani, e avevamo dovuto mettere fogli di cartone al posto dei vetri. In tutta la farmacia c'era solo una stufa, non le dico il freddo. L'aprile del 1945 è stato molto duro, si sparava da tutte le parti. Qui in piazza c'era un cecchino nascosto nelle soffitte. E il 26, mentre passavo per via Bertola, ho sentito davvero fischiare le pallottole: un altro tiratore si era asserragliato in cima al grattacielo di piazza Castello. Quella volta mi è andata bene». Nel biennio successivo, il primo grande mutamento. I palazzi nobiliari della zona, abbandonati dai vecchi proprietari, avevano nuovi inquilini.

«Qui come altrove c'era tanta povera gente, molti nel corso della guerra avevano perso la casa a causa delle bombe. Poi, la ricostruzione. E nel giro di un decennio il boom, e l'immigrazione dal Sud. Il tessuto sociale si è trasformato, a un tratto per strada si sentivano dialetti sconosciuti. Io sono diventato titolare nel 1954, prendendo il posto di mio zio Felice che aveva rilevato la farmacia nel 1921. Ma questa farmacia, in base ai documenti che ho trovato, esiste dal 1761». Da un armadio ottocentesco il dottore tira fuori una cartellina rossa, dalla quale saltano fuori carte ingiallite e atti notarili. «Vede? Il primo proprietario risulta essere Paolo Giordano. Il documento è stato redatto il 16 aprile 1761. E noi in farmacia abbiamo ancora un mortaio del 1767». Me lo mostra, imponente, nei pressi dell'ingresso. «Pensi che per salvarlo, durante la guerra, l'avevamo portato di sotto, in cantina. Poi me lo sono dovuto tirare su da solo, e pesa 175 chili. Certo non avevo 94 anni». Alle spalle del dottor Ferrero, altri scaffali d'epoca, e vasi destinati a contenere centinaia di sostanze, tra cui occhi di granchio, spermaceti, cinabrio, e poi scatole per la cassia e l'aloe, e bilance, e apparecchiature per fare il seltz fatte arrivare da Parigi, e un filtro amicrobo, usato per depurare l'acqua quando ancora non esisteva quella distillata. «Anche il nostro lavoro è cambiato tantissimo, rispetto a un tempo. E non mi riferisco solo al fatto che una volta il praticante dormiva in un soppalco sopra l'ufficio dove lo zio teneva la contabilità. Quando ho iniziato io, il farmacista preparava tutto, e qui da noi si lavorava direttamente al banco. Spesso ci si fermava fino a mezzanotte per preparare le fiale per le iniezioni». Quanto ai torinesi, nel frattempo sono diventati un po' meno torinesi. «Ma si sta abbastanza bene, non fosse per la microcriminalità. Per dirle come siamo cambiati: la ragazza che poi è diventata mia moglie l'ho conosciuta qua, stava al numero 2 di via del Carmine. La sera andavo a trovarla a casa, dove mi aspettava con i suoi. Poi per tornare in corso Moncalieri, dove abitavo allora, prendevo l'ultimo tram. Be', se per caso tardavo e non mi vedeva alla fermata, il tranviere mi aspettava all'angolo con via Garibaldi, suonando la campanella. Se l'immagina, oggi?». Intanto, due dei tre nipoti del dottor Giuseppe Ferrero si sono già iscritti alla stessa facoltà del nonno. «Diciamo che le premesse per festeggiare i cento anni come farmacia Ferrero ci sono tutte. Magari non ci sarò io. Ma magari sì, chissà».

E poi c'è anche chi in riva al Po si dà appuntamento per sedersi su una panchina di quelle che sopravvivono nel verde del Parco Michelotti e poi tira fuori dalla borsa una scacchiera e gioca a scacchi, che poi com'è noto è lo sport più violento del mondo, visto che si tratta di distruggere l'avversario, anche se certe volte si tratta di una cosiddetta schermaglia, nel caso in cui i giocatori siano due scacchisti innamorati l'uno dell'altro.

La camera da letto

Dove non si parla più dei luoghi di cui si parlava in «Torino è casa mia» perché fondamentalmente sono rimasti, loro sì, pressoché identici a com'erano.

La camera da letto di Torino è una camera da letto diffusa, va dai quartieri cosiddetti dormitorio come Mirafiori e le Vallette ai ponti e ai portici sotto cui riposano i barboni ai prati del Valentino dove d'estate c'è chi si concede una siesta in riva al fiume alle camere d'albergo più o meno di charme che la stragrande maggioranza dei torinesi non ha mai frequentato se non per relazioni clandestine o semi. Ma a letto non ci si limita a dormire. E a volte, quando non ci si limita a dormire, succede nel giro di nove mesi di mettere al mondo dei figli. Desiderati e non. Ma sempre figli sono. E col fatto che Torino è tra le città più indebitate d'Italia, se non la più indebitata, ogni bambino che nasce a Torino si ritrova già indebitato per circa tremila euro. Così almeno si fa subito un'idea di quello che lo aspetta, non solo in quanto torinese ma come cittadino di questa Repubblica fondata sul lavoro.

«Da bambina dicevo a mia madre che da grande volevo far nascere i bambini: e in famiglia non c'erano ostetriche, non si trattava di emulazione. Così poi, quando si è trattato di scegliere il corso di studi, non ho avuto dubbi». Manuela Marino, madre di tre figlie (Sara, Gaia e Nina Luz), è ostetrica di ruolo al Sant'Anna dal 1997. Nel primo anno di lavoro ha fatto nascere a Torino centosessanta bambini. Poi ha smesso di contarli. «Mi sembrava brutto», sorride. «Molte mamme ci dicono che per noi ogni parto è uguale all'altro, che il Sant'Anna è una fabbrica di bambini». E invece? «E invece ogni parto è diverso, ed è una grande emozione. La routine non esiste: non a caso l'ostetrica, dopo ogni parto, ha bisogno di dieci minuti di stacco, deve potersi riprendere». Ma come si diventa ostetrica? «Io ho ancora fatto il vecchio percorso di studi. Prima, a partire dall'87, due anni di scuola preparatoria chimico biologica industriale, allora si chiamava così. Poi, dall'89 al '91, un triennio presso la scuola per infermieri professionali. E infine, dal '92 al '94, altri due anni di scuola ostetrica». Un percorso assai duro, spiega Manuela. «Si trattava di una scuola molto selettiva, nel mio corso ci siamo iscritte in venti e alla fine siamo rimaste in meno di dieci. C'erano la teoria e la pratica, presso strutture ospedaliere come le Molinette. Ti alzavi alle quattro del mattino, dovevi essere davvero determinata a raggiungere l'obiettivo. Ma quando mi sono diplomata, nel luglio del 1994, dopo tutte quelle ore di tirocinio pratico infermieristico alle Molinette, ho toccato il cielo con un dito». E dopo il diploma? «All'inizio mi hanno assunta a tempo determinato per sostituire colleghe che andavano a loro volta in maternità, non solo a Torino ma anche nei consultori di Villa Perosa e Collegno e nel reparto di ostetricia dell'ospedale di Bra. Poi, nel '97, ho vinto il concorso per entrare al Sant'Anna». Ma com'è il lavoro quotidiano di una donna che da bambina sognava di far nascere i bambini? «Ci sono due tipi di professione, l'*intra moenia* libera, che comporta la reperibilità ventiquattr'ore su ventiquattro e in cui seguo sia la fase pre-parto sia quella post-parto, e il lavoro istituzionale, che si svolge su tre turni di otto ore. Naturalmente bisogna organizzarsi in modo che l'attività istituzionale non si accavalli con quella *intra moenia*. Dopodiché, lavoro sia in reparto di ostetricia sia in sala parto, e anche nelle sale operatorie nel caso di cesarei. Ma l'attività principale è l'assistenza nelle sale travaglio e nelle sale parto: il nostro ruolo è accompagnare, seguire la mamma nelle quattro fasi del percorso travaglio, parto, post-parto e allattamento». Non è tutto, però. «In corsia e nei reparti ci occupiamo di lungodegenti che non sono lì per partorire ma perché alle prese con varie patologie materne o materno-fetali». Ma com'è la giornata tipo di un'ostetrica? «Non c'è, per il semplice fatto che non esiste una giornata uguale all'altra. Di giorno in giorno i turni cambiano repentinamente e così le attività *intra moenia*. Poi faccio i corsi pre-parto, ovvero i corsi di accompagnamento alla nascita, per fornire informazioni di ordine pratico e sostegno psicologico alle donne, anzi alle coppie che si avvicinano al parto». Perché ha specificato «alle coppie»? «Perché rispetto a un tempo, e cioè all'epoca in cui le ostetriche consideravano il papà d'intralcio, oggi ci siamo rese conto che la presenza del padre è fondamentale, anche se c'è chi è troppo sensibile per assistere alle fasi finali del parto. Per questo dico che una volta l'ostetrica si prendeva cura della mamma, mentre oggi si prende cura della coppia». Immagino che i bei ricordi siano tantissimi, dico a Manuela. I suoi occhi s'illuminano. «Tantissimi, sì. Non saprei proprio da dove cominciare. Ma se devo citarne uno, penso a una coppia arrivata a Torino dal Molise dopo un percorso molto difficile e doloroso di fecondazione assistita, condotto anche all'estero. Ecco, gli occhi di quella donna dopo il parto non me li dimenticherò mai». Il Sant'Anna del resto è un'eccellenza non solo cittadina o regionale, ma a livello nazionale, e tanti bambini vedono la luce a Torino anche se i loro genitori vivono altrove. Ora che il suo periodo di maternità sta per finire, Manuela avrà meno tempo da dedicare all'ultima nata. Ma per lei, che quando ha partorito al Sant'Anna si è sentita come se partorisse in casa, il lavoro non sarà mai un peso: «Fare questo mestiere è talmente bello che non patisci né gli orari né l'impegno, e nemmeno le responsabilità, che sono grosse. Non so chi altri possa provare sul lavoro tante gratificazioni. Forse i chirurghi che salvano una vita». Già.

A proposito di camera da letto, o se non altro di posti letto: a Torino, all'angolo tra via Santa Teresa e via dei Mercanti, c'è un pezzo di mondo. È celato agli occhi dei più dentro una comunità di accoglienza per malati nata alle spalle di una piccola chiesa, quella di San Giuseppe, sede del Centro di Animazione Missionario gestito dai padri camilliani. Uno di loro, padre Antonio Menegon, che a Torino è arrivato da Padova trent'anni fa e che da allora con i confratelli si divide tra i bisognosi all'ombra della Mole e le missioni all'estero, racconta: «Come camilliani proseguiamo l'opera del nostro fondatore, san Camillo, nel carisma della misericordia verso gli infermi. La nostra attenzione va sia ai bisogni del corpo sia a quelli dello spirito». A Torino padre Antonio Menegon e i suoi confratelli padre Adolfo Porro, fratel Mario Giraudo e il padre provinciale Joaquin Paulo Cipriano hanno dato vita a una comunità che accoglie malati arrivati in Italia dal Sud del mondo, la Madian. Nome significativo. «Da quel luogo del deserto in cui Mosè, fuggito dall'Egitto, venne accolto in una tenda». L'accoglienza, che da sempre è al centro dell'attività dei camilliani, si è tradotta in certi momenti di particolare emergenza in misure anche fuori dall'ordinario, come quando nella chiesa di San Giuseppe i padri camilliani sistemarono alcuni letti. Cosa che all'epoca non passò inosservata. «Nel corso degli anni, abbiamo sempre cercato di affrontare con i nostri mezzi le emergenze che si presentavano in città, venendo incontro ai bisogni di quelle persone che di volta in volta non ottenevano risposta. All'inizio ci siamo occupati dei poveri che vivevano in condizioni di grande precarietà nelle soffitte del centro storico, e dei senza fissa dimora. Siamo tutti e tre infermieri, e in caso di bisogno provvedevamo alle terapie per i malati, e portavamo loro da mangiare». Poi, a partire dalla seconda metà degli anni Ottanta, Torino ha dovuto fare i conti con un'altra emergenza, quella dell'immigrazione via via più massiccia di persone che arrivavano dal Nord Africa e più in generale dal Sud del mondo. «A quel punto ci siamo resi conto che il bisogno più urgente era quello di tanti minori che arrivavano qui senza avere una famiglia, e che correvano il rischio di finire per strada o di guadagnarsi da vivere in modi poco ortodossi. Da un lato c'era dunque la questione di trovare loro un tetto, dall'altro quella di sottrarli alla criminalità e aiutarli a inserirsi nel mondo del lavoro». Oggi a Torino i padri camilliani della comunità Madian si occupano di chi è stato costretto a lasciare la propria terra d'origine in seguito a guerre o carestie, ed è arrivato in Italia con problemi di salute anche gravissimi. Da parte sua, padre Antonio è convinto che prima del passaporto venga la persona. «Certo. Oggi si tende a dimenticare troppo facilmente che un cosiddetto clandestino è innanzitutto un uomo, non un pericolo o un criminale. Al di là dello stereotipo assai diffuso, la stragrande maggioranza degli stranieri che arrivano in Europa sono persone oneste, in cerca di futuro. Sta a noi valorizzarle: perfino a Treviso chiedono di rivedere le quote d'immigrazione, perché hanno bisogno di manodopera e non sanno dove trovarla. Le nostre paure sono una forma di ipocrisia, e servono a nascondere il nostro egoismo. Un egoismo che ci fa dimenticare come anche Gesù fosse un profugo nato in terra straniera». Ma se un pezzo di mondo ha trovato rifugio a Torino, da Torino partono anche aiuti destinati ad alleviare le sofferenze di chi vive in luoghi meno fortunati del nostro. «Come camilliani abbiamo aperto missioni non solo a Haiti, ma anche in Armenia e in Georgia. Qui a Torino raccogliamo alimenti, medicinali, strumentazione medica e sanitaria, e fondi. In quei Paesi, guardandoci attorno, abbiamo capito che c'era bisogno soprattutto di ospedali e comunità di recupero per bambini handicappati, e da lì siamo partiti». Anche in questo caso, l'idea di fondo è far fronte alle urgenze. E nel caso di Haiti, il secondo Paese più povero del mondo, prima del terremoto l'urgenza più grande era rappresentata dalle ustioni. «Quando siamo arrivati sull'isola, ci siamo resi conto che si trattava di un problema molto comune. Nelle bidonville non c'è elettricità, e le persone, che abitano baracche di latta e di cartone, per cucinare quel poco che c'è accendono il fuoco. È così che molti bambini finiscono per ustionarsi, tra un pentolone d'acqua bollente e una lampada a olio. Ma a Cité Soleil, la bidonville più grande dove già prima del terremoto si viveva in condizioni di estrema povertà e in un clima di violenza quotidiana, la gente non possiede né unguenti né, figuriamoci, medicine. Quelle persone non hanno niente. Arrivando sull'isola, ci siamo detti che la prima cosa da fare era aprire un ospedale dove ci fosse anche personale specializzato nella cura delle ustioni». E insomma non è un caso che ogni domenica mattina la messa nella parrocchia di San Giuseppe sia davvero molto, molto seguita.

131

Poi, va da sé, ci sono le camere da letto dell'Ikea, all'Ikea, con i clienti dell'Ikea che le provano, almeno fino a un certo punto, nessuno che ci si addormenti davvero o che si legga un libro o si guardi un film o faccia l'amore con un altro cliente dell'Ikea, i clienti dell'Ikea all'Ikea si limitano a sedersi sui letti Ikea delle camere da letto dell'Ikea e a immaginarsi l'effetto della camera da letto Ikea nel loro appartamento, dove si sono già immaginati la cucina Ikea e il soggiorno Ikea e il bagno Ikea eccetera. E io ogni volta che vado all'Ikea e passo per il settore delle camere da letto Ikea mi chiedo perché a nessun barbone sia mai venuto in mente di venire a dormire all'Ikea, o almeno a riposare. Perché nei frigoriferi Ikea delle cucine Ikea esposte all'Ikea non ci trovi da mangiare, e però nei letti Ikea delle camere da letto Ikea esposte all'Ikea ti ci puoi coricare, anche se i clienti Ikea non lo fanno.

La notte, mentre la maggior parte di noi dorme, c'è chi in un letto d'ospedale ha bisogno di cure. Anna Grazia Volpe, infermiera presso il reparto di pediatria dell'ospedale Martini di via Tofane, il turno di notte lo conosce bene. E dire che da ragazza ha fatto l'insegnante in una scuola materna. «Amavo i bambini, e per questo mi sarebbe piaciuto lavorare con loro. Ma già allora entrare in ruolo era difficile: i posti erano pochi, e le graduatorie affollatissime. Così, con una mia ex compagna di scuola ho iniziato a guardarmi attorno, e abbiamo scoperto che c'era questo corso per infermiera pediatrica, tenuto dalle suore all'ospedale Regina Margherita. Mi sono iscritta, e nell'anno 1973-74 ho conseguito il diploma». All'epoca, negli ospedali torinesi e non, le infermiere diplomate erano poche: nei vari reparti operavano soprattutto suore e infermiere generiche. «Dopo il diploma, ho subito trovato lavoro proprio al Regina Margherita: allora le candidate non erano troppe. E ho subito scoperto che non c'erano molte differenze rispetto a quello che mi avevano insegnato al corso, durante il quale avevamo fatto molta pratica nei reparti insieme con suore, caposala e infermiere generiche. Perché oltre alle lezioni teoriche, impartite di pomeriggio, c'erano i turni di notte, della durata di dieci ore». Poi, però, alla fine degli anni Settanta, ecco il matrimonio, e uno dopo l'altro ben tre figli. «Ho deciso di licenziarmi, e di allevare i miei bambini. Così ho fatto la mamma per vent'anni, salvo che poi i figli sono cresciuti, e sono diventati più autonomi. Così mi sono rimessa a studiare, con l'idea di rimettermi alla prova. Ho superato un nuovo concorso, e nel 1997 ho ripreso a lavorare come infermiera pediatrica con un incarico di sostituzione maternità, sempre al Regina Margherita». In genere, rimettersi in gioco dopo vent'anni non è mai semplicissimo. «Tornare al lavoro proprio lì dove avevo cominciato da ragazza è stata una grande emozione. Tutto era cambiato, a partire dalle tecnologie. Ma ho ritrovato la mia vecchia caposala, pensi un po'. Dopodiché, ho fatto altri concorsi e ho vinto quello per entrare qui al Martini». Qual è la parte più difficile, nel lavoro di un'infermiera? «Il rapporto col pubblico», sorride la signora Anna Grazia, senza esitare. «Siamo sempre di corsa, e tutti osservano quel che facciamo. È molto importante non solo rispettare le procedure ma anche imparare a comunicare con i piccoli ricoverati e con le loro mamme, che vivono una situazione di per sé molto stressante. Poi naturalmente ci sono le difficoltà legate al fatto che oggi molti pazienti sono stranieri, parlano un'altra lingua e hanno abitudini alimentari e usanze diverse dalle nostre». Poi, va da sé, c'è la fatica fisica. «Il turno di notte è il turno di notte. E durante le festività un ospedale non chiude mai. Rispetto a tante mie colleghe più giovani io sono più fortunata, perché non ho più bambini miei a cui badare». I bambini sono sempre al centro dei pensieri della signora Anna Grazia, e loro lo sanno, regalandole spesso disegni che lei si porta a casa. «Sono grandi soddisfazioni: significa che per loro il ricovero non è stato un trauma. In realtà poi ci insegnano un sacco di cose. A cominciare dal fatto che vivono l'attimo, sono concentrati su quello che fanno, sul qui e ora. Per fortuna col tempo ho imparato anch'io a essere presente sul momento e a non portarmi a casa, oltre ai disegni, anche il lavoro. Tuttavia, devo ammettere che avrei dei problemi in un reparto oncologico: i bambini a cui ho visto diagnosticare un tumore me li ricordo tutti, non si possono dimenticare». La nottata tipo, per un'infermiera, è scandita da mansioni precise. Ma non solo. «Si arriva alle 21, si prendono le consegne dalle colleghe che smontano e si vede se ci sono delle terapie da somministrare al di fuori degli orari standard. Poi si mettono a posto le cartelle dei ricoverati, si fa il giro con la pila, si controllano le flebo e di pari passo si aggiornano le cartelle per l'indomani. In tutto questo, c'è il campanello che suona, e ci sono i nuovi arrivi che passano dal pronto soccorso». Insomma, non ci si annoia. «Decisamente no», sorride Anna Grazia. Quanto conta la pazienza nel vostro lavoro? «Molto. Ma un'altra qualità essenziale è sapersi esimere dal giudicare il prossimo». Il reparto pediatria dell'ospedale Martini, diretto dal primario dottoressa Capalbo, mette a disposizione dei piccoli degenti una grande sala giochi. «Abbiamo cercato di creare un reparto umano: è fondamentale che la giornata dei bambini ricoverati non sia scandita solo da visite e cure. Le nostre maestre sono bravissime». Com'è cambiata Torino, vista da un ospedale? «Rispetto a quella in cui ho iniziato a lavorare, è un'altra città. Allora nei reparti si sentivano i dialetti regionali italiani, oggi le lingue di tutto il mondo». E alle colleghe più giovani che cosa consiglia? «Di ricordarsi che alcuni nostri piccoli pazienti magari studieranno medicina, e forse un giorno saranno loro a curare noi».

La camera da letto, che poi può esserci anche solo un divano letto, ma ti basta per essere felice se con te c'è la persona che ami.

Il ripostiglio

Dove intanto hanno rimesso a nuovo un paio di edifici e aperto nuovi locali, per esempio Il Cortiletto, dove si mangia piemontese come alla Rusnenta, che sembra davvero di entrare in un appartamento; e dove su un muro di fianco a una scuola sorta lì dove un tempo c'era un arsenale militare qualcuno ha scritto con la vernice a spray MEGLIO ASINO CHE BARICCO, *ma non sono stato io, lo giuro.*

Il ripostiglio, a Torino, non può essere che uno: il Balon. Che per carità, non sarà più il Balon di una volta, e però resta sempre il Balon. Il Balon dove da qualche tempo in qua un nuovo 'balon' ha ripreso a volare. Il Balon dove la mattina presto i poveri sono già in coda davanti a una mensa per i poveri. Il Balon che confina col cimitero sconsacrato di San Pietro in Vincoli e col Cottolengo. Il Balon che ospita la vecchia stazione non più in uso della ferrovia Torino-Ceres con le sue locomotive a vapore. Il Balon dove una volta erano tutti rigattieri e poi però si sono fatti furbi e sono diventati antiquari. Il Balon con le sue stradine fatte di ciottoli. Il Balon dove ti dicono di andare se per caso ti hanno rubato la bici, anche se poi non la ritrovi mai e finisci per comprarne un'altra, sempre rubata, e magari alla quinta che ti rubano ti va di... cioè, sei fortunato e ritrovi la prima. Il Balon con le vetrine di Speziale piene di roba militare. Il Balon con il mercato del sabato, che anche se arrivi alle cinque di mattina ti senti dire che quello che cercavi se l'è portato via un altro alle quattro. Il Balon che una volta erano tutti piemontesi e poi sono arrivati i meridionali e poi gli arabi e poi gli africani e poi chissà, prima o poi arriverà qualcun altro. Il Balon, il Balon, il Balon... quanto mi piace attraversare il Balon in bicicletta in piena notte, l'aria fredda del Balon in faccia, le luci fioche del Balon a squarciare il buio.

Un giorno avevo un appuntamento di lavoro in via Cherubini, così ho preso il 4 in corso Giulio Cesare all'altezza del Balon e quando sono salito mi sono diretto verso la macchinetta obliteratrice, passando sotto le ascelle di una signorina e tra le gambe di un signore, scavalcando due bambini e circumnavigando una signora, intrufolandomi tra quattro studenti e superando tre pensionati. E quando ho raggiunto la mia meta e ho estratto di tasca il biglietto per timbrarlo, ho sentito tipo un centinaio o forse più di sguardi su di me. Mi sono guardato attorno. Tutti i passeggeri del tram avevano smesso di parlare tra loro o al telefono cellulare e anche quelli con le cuffiette nelle orecchie o gli occhiali da sole sugli occhi mi stavano fissando. Io ho fatto finta di niente e ho timbrato il biglietto, e allora tutti i presenti sono trasaliti, increduli, chi dando di gomito al vicino, chi mormorando qualche parola di stupore. C'era chi rideva e chi scuoteva la testa, chi allargava le braccia (ma solo metaforicamente, perché visto l'affollamento mancava lo spazio per farlo sul serio) e chi alzava gli occhi al cielo, chiedendo ragione di un tale gesto inconsulto a una qualche entità superiore, si trattasse di Dio, Allah, Buddha o chi per lui a seconda dei luoghi d'origine e delle religioni. Sta di fatto che dopo aver timbrato il biglietto me lo sono rimesso in tasca, e allora tutti hanno ripreso a fare quello che facevano prima, però di tanto in tanto lanciandomi un'occhiata, come dire, vediamo 'sto pazzo furioso fin dove vuole arrivare. Dato che da parte mia volevo giusto arrivare in via Cherubini, all'altezza di via Cherubini sono sceso, seguito da centinaia di sguardi come una specie di fenomeno da baraccone. Ed è stato in quel momento che mi sono reso conto che per i passeggeri del 4 quel viaggio era stata un'esperienza fuori del comune.

Loro di norma si ritrovano la sera in tre piazze del centro. Quelle in cui ci sono ancora le panchine: piazza San Carlo, piazza Carignano e piazza Carlo Alberto. Hanno una certa età, i capelli grigi e spesso la barba di tre giorni e i vestiti che indossano sembrano usciti dal Balon, ma non perché oggi come oggi va di moda il vintage. Comunque: uno o due oltre che con la barba di tre giorni girano con la chitarra, e lì in quelle piazze, su una delle panchine, attaccano a suonare. In questo caso sì, le canzoni sono vintage. Un compagno di panchina allora si mette a cantare, un altro batte il tempo sul selciato. Molta gente passa loro accanto e tira dritto, qualcuno invece incuriosito si ferma ad ascoltare. Arriva una signora vestita di scuro, accenna qualche passo di danza. Due amiche si tengono a una certa distanza ma si vede che vorrebbero partecipare. A volte tra quelli che si fermano ci sono anche dei giovani. Che però hanno sempre un altro posto dove andare e infatti alla fine vanno. Gli altri, quelli con i capelli grigi, invece rimangono. E anche se ormai è buio e la temperatura si è abbassata intorno alla panchina e alle chitarre si forma un gruppo che ostinatamente pare proprio divertirsi con poco, una cosa a cui in fin dei conti non siamo più abituati.

La mattina successiva, succede di imbattersi in uno dei due chitarristi dalle parti di piazza Savoia, la chitarra appesa a una spalla, il passo faticoso di chi ha passato una notte difficile, la barba un po' più lunga della sera precedente, i vestiti un po' più stropicciati, e in faccia nessuna voglia di cantare, ridere o suonare. Dato che anche in quella piazza ci sono alcune panchine, otto per la precisione, il chitarrista spesso si siede su una di queste, le mani nelle tasche, gli occhi semichiusi, borbottando qualcosa. Se c'è il sole, anche lui come tanti altri ne approfitta per riscaldarsi. La chitarra, posata lì di fianco, tace. Ci si aspetterebbe quasi di vedere una borsa di quelle a strisce bianche, rosse e blu al posto suo, piena di quel che è rimasto. E invece no, niente borsa a strisce bianche, rosse e blu, ma la chitarra, solo lei, inseparabile. Lì che aspetta paziente che passi anche quest'altra giornata, e che scenda di nuovo la sera. Così da tornare a suonare tra le mani dell'uomo che l'ha sposata, dalle parti di piazza San Carlo o Carlo Alberto o Carignano, di modo che qualcuno anziché tirare dritto decida che forse può fermarsi, ascoltarla, e magari mettersi a ballare. O quasi.

Lei non si sa di preciso dove abiti, facile però che stia in centro, perché in fondo in centro a Torino non vivono solo i benestanti come accade in altre città, dal punto di vista della composizione sociale tra Porta Palazzo e Porta Nuova, piazza Statuto e piazza Vittorio, Torino è al contrario di Milano una città piena di sfumature. Lei magari sta dietro piazza della Repubblica, oppure dalle parti di via Borgo Dora, o magari in una soffitta di via Barbaroux non ancora diventata mansarda. Non si sa. Comunque la mattina quando si tratta di uscire di casa si lava e si pettina e indossa un abito pulito, magari comprato all'epoca in cui poteva ancora permettersi di spendere qualcosa nell'abbigliamento, e si mette un paio di scarpe (l'unico? Chissà) e prende una borsetta, una di quelle vecchie, di foggia anni Cinquanta o Sessanta, nera, come se ne trovano ancora al Balon. Ebbene, lei esce di casa così, vestita con decoro, o come si dice 'dignitosamente', e a piedi, ci si immagina, percorre un po' di strada, finché non arriva nella zona del Quadrilatero Romano, più o meno, perché poi non la si incontra solo nell'epicentro di piazza Emanuele Filiberto o in via Sant'Agostino, ma pure in via Corte d'Appello o in via Bellezia. Ecco: una volta arrivata, lei rallenta il passo, quasi si ferma. E quando un passante la incrocia, lei aggrappata per farsi coraggio alla sua borsetta mormora piano: «Mi scusi, può darmi qualcosa? Per mangiare, per un panino». Il passante di solito tira dritto, certe volte perché vuol davvero tirare dritto, altre perché quella frase pronunciata in modo così sommesso gli è arrivata all'orecchio come un borbottio indecifrabile, anche se c'è chi fatti un altro paio di passi la capisce ma poi alla fine preferisce non fermarsi, non tornare indietro, perché ha fretta o perché la cosa lo imbarazza. Anche lei si capisce è molto imbarazzata, altrimenti non pronuncerebbe quelle poche parole in quel modo, aggrappata per farsi coraggio alla sua borsetta, nella quale chissà, forse ora che ci penso tiene la foto dei genitori o del marito. «Mi scusi, può darmi qualcosa? Per mangiare, per un panino». E deve essere vero, in questo caso.

Ah, e poi c'è Anna. Annina. O se preferite Anna la pazza. Anna che la trovi sempre dalle parti del Balon o del Quadrilatero, superaccessoriata dalla testa ai piedi con roba trovata presumibilmente alla Caritas o alla San Vincenzo o nella spazzatura, Anna che si mette a ballare scatenata non appena sente una musica, lei va dalla tarantella alla techno passando per la tribale sia live sia da autoradio, Anna che se le scappa la pipì alza la gonna, scosta le mutande, apre le gambe e la fa lì dove si trova, in piedi, per strada, Anna che se è di buonumore quando si accorge che la guardi si limita a mandarti affanculo altrimenti ti copre d'insulti, Anna che su YouTube è un mito e se n'è accorto tra gli altri perfino Puff Daddy, Anna che sembra uscita da una pièce di Ionesco pure lei, come a ben vedere del resto tutti noi.

Il ripostiglio di Torino è poi in tutti quei negozi che vendono cose usate, frammenti di vite altrui fatti di servizi di piatti e bicchieri, vecchi mobili, giocattoli appartenuti a bambini ormai adulti se non defunti, cianfrusaglie assortite, valigie reduci da viaggi ormai dimenticati, fotografie in bianco e nero o a colori in cui sono fissati attimi di vita passati per sempre, scarpe più o meno eleganti, borsette che un tempo custodivano segreti, cravatte indossate per chissà quali occasioni, occhiali portati per leggere libri che nessuno legge più, dischi che facevano ballare o cantare o sognare giovani amanti che tali non sono più. In uno di questi posti ho lasciato da parte mia indimenticabili ricordi.

Ma c'è almeno un'altra cosa che adoro, al Balon, oltre al Balon medesimo. Ed è la Gelateria Popolare del Balon. Che non si chiama così per caso. Nel senso che vi si trovano proprio i gelati, e a prezzi popolari. Gelati buonissimi, anzi di più, a un euro e cinquanta centesimi. Gelati che hanno lo stesso sapore dei loro avi, ovvero dei gelati che gustavamo da bambini. Gelati che non a caso li si assaggia e si torna bambini. Ricordate? Quando per sentirsi felici bastava proprio solo avere i soldi giusti per andarsi a comprare il gelato. L'ultima volta che ci sono passato, ho visto due in vetrina che sprizzavano gioia per il solo fatto di essere alle prese con un cono della Gelateria Popolare. O forse no. Forse erano contenti anche per qualcos'altro. Sta di fatto che sembravano due bambini, ciascuno col suo cono da un euro e cinquanta, popolare come quel sentimento che nasce da meccaniche divine.

La cantina

Dove nel frattempo un tot di locali citati in «Torino è casa mia» hanno chiuso mentre altri nel frattempo hanno aperto, perché così va il mondo Signori miei, e forse vale per loro quello che valeva per Shakespeare e per Hemingway: «In fede mia non m'importa, un uomo non può morire che una volta, una morte dobbiamo a Dio e vada come vuole, chi muore quest'anno non dovrà farlo quello successivo». Ma chissà.

La cantina di Torino un tempo si chiamava piola, e oggi non esiste quasi più: restano il già citato Caffè Vini Ranzini, e poi pochi altri frammenti di una Torino in bianco e nero che comunque beveva granata, perché tale è il colore del Barbera. Qualche tempo fa il torinese Umberto Tozzi ha detto che a Torino si sente soffocare oggi come da ragazzo, e ora forse più di allora anche perché le piole di un tempo sono scomparse. Come dargli torto, almeno sulle piole? La cultura popolare della piola ha iniziato a tramontare a cavallo tra gli anni Cinquanta e Settanta, con l'arrivo in città di immigrati che avevano altre tradizioni e che dopo il turno alla catena tornavano a casa troppo stanchi per mettere piede in quei locali fumosi dove si parlava solo piemontese. Poi il primo benessere, e l'avvento della tivù: perché andare in piola, quando a casa c'era *Lascia o raddoppia*? Già negli anni Settanta le piole erano diminuite, anche se in certi casi, specie dalle parti di Palazzo Nuovo, venivano frequentate da una nuova clientela di studenti. Poi gli anni Ottanta del famoso edonismo reaganiano: roba dell'altro mondo. E a ruota i Novanta, nei quali abbiamo assistito al restyling del centro a partire dal Quadrilatero Romano, e alla nascita di nuove vinerie, ovvero non di rado al trionfo del falso storico. Addio per sempre alla Tampa dietro Porta Nuova, alla Crota sotto il Reposi, alla Piola del Sesto, alla Pianta vicino al Municipio. Gli Imbianchini è ormai un ristorante. A Madonna del Pilone, la vecchia piola di Mongreno è diventata a un certo punto La Piola della Parolaccia. Resistono anche grazie alla 'topia' le Cantine Risso, aperte nel '40, dove ancora oggi si mangia con poco e si può far conto su un'ottima cantina. Ma la clientela ormai è cambiata.

«Cosa vuole, sono quasi tutti morti», allarga le braccia il signor Luigi Brosio, memoria storica dell'omonima piola all'angolo tra via del Carmine e via Piave. «Da noi specie nel pomeriggio c'è ancora chi viene per giocare a carte davanti a una bottiglia 'stopa' di Barbera, ma tanti ormai non ci sono più». Aperta nel '22, la piola del signor Brosio serviva fino a mezzanotte, e non si contavano le 'bute' ordinate dagli habitué, artigiani e operai che venivano qui a bere e poi a cantare anche perché sapevano che i Brosio, originari di Montegrosso, compravano l'uva dalle loro parti e poi la pigiavano e vinificavano. «Stavamo di fronte», ricorda la nuova titolare Antonella. «Una volta qui vicino c'erano il macellaio, il verduriere, la merceria. Io sono stata dipendente del signor Brosio per 17 anni. Poi ho rilevato la gestione, e certo non si può paragonare questo locale all'altro. Ma continuiamo a tenere 21 qualità di vino alla mescita, 2 euro a bicchiere, prezzi da piola insomma. Non siamo al Quadrilatero. E facciamo ancora le 'anciue al vert'».

Al fondo di corso San Maurizio c'è la piola di Erminio Coppo, nato nel '44 a Ottiglio Monferrato, da 47 anni dietro il bancone. Tra bottiglie e scatoloni che ingombrano gran parte dello spazio disponibile, vecchi manifesti e cartoline, qui davvero il tempo sembra essersi fermato. «Ormai sono solo e faccio soltanto mescita, oppure vendita all'ingrosso. Il locale è del 1908, c'è passato anche D'Annunzio. Io sono qui dal '62, e ho servito da bere a tutti: operai del Borg dal Fum, artigiani, ma anche attori, Virgilio Gottardi che amava la vodka e fumava con il bocchino, Franco Nero che mi chiedeva di aggiungere un po' d'acqua nel bicchiere, e poi Milva, Mina. Quella Torino non c'è più, finiti i tempi in cui si veniva qui a giocare a scopone scientifico, questa piola è un vecchio leone che dorme».

La cultura prolet della piola, anche se oggi i prolet che vanno in piola sono diventati a dire il vero una rarità, risale alla prima metà del Novecento, ovvero all'epoca in cui Vanchiglia, il nostro Borgo del Fumo, era tutta un fiorire di *boite*: e gli operai che uscivano dalle *boite*, non di rado anziché tornare a casa entravano in piola. Non che le loro mogli fossero entusiaste della cosa, ma tant'è. Il declino di questo genere di locali prese il via già negli anni Cinquanta, nel momento in cui in città arrivò la prima generazione di immigrati dal Sud: in piola, al contrario di quanto accadeva alla catena di montaggio dalle parti del Lingotto e poi a Mirafiori, si parlava solo piemontese. Poi gli anni Sessanta e il boom, con l'avvento delle utilitarie, degli elettrodomestici e della tivù. Quindi i

Settanta, in cui la piola venne vissuta da tanti come una sorta di sede staccata del Politburo. Dopodiché gli Ottanta, con i paninari che si trovavano al fast food e che in piola non avrebbero mai messo le loro Timberland. Così, abbiamo dovuto aspettare gli anni Novanta. È stato quello il decennio che ha segnato il revival della piola, va da sé, ribattezzata come 'vineria' e magari progettata da un architetto, cosa un tempo impensabile. Ma intanto tante, troppe vere piole avevano chiuso per sempre i battenti. E come accade per le stagioni, non è raro sentir dire: «Eh, non ci sono più le piole di una volta». Il che non è del tutto vero. In pre-collina, al numero 79 di corso Casale ovvero in faccia al mercato di quartiere, per esempio, ecco le già citate Cantine Risso. Frequentate in passato tra gli altri da Cesare Pavese e Giovanni Arpino, le Cantine Risso accolgono gli affamati con un sorriso e con un bancone dove sono esposti i piatti del menù del giorno: e dunque per esempio bruschette, gnocchi al Gorgonzola, stinco di maiale, zuppa. E non mancano mai un paio di *quiches*. In entrambi i posti, per i clienti che tengono alla correttezza filologica, c'è anche il 'piatto piola', a base di salumi, tomini elettrici e acciughe al verde. Senza contare che la cortesia è davvero di casa.

E poi c'è il grande abbeveratoio, ovvero la zona di piazza Vittorio e dintorni con i suoi innumerevoli locali. Dove al Barbera si preferiscono i cocktail e ci si stordisce a botte di chupito. E dove l'uomo del ghiaccio per tutti ha un solo nome: Cubetto. «Nasco come Marco Ivella, ma tutti mi conoscono come Cubetto: sono diventato la mascotte di me stesso». Marco Ivella, detto Cubetto, sorride. È lui l'uomo che rifornisce di ghiaccio (in sei tipologie diverse ovvero sotto forma di cubetto oppure tritato, spaccato, *nugget* e cioè tritato secco, cubetto spagno-

146

lo e dunque grosso, cubetto quadro ossia ancora più grosso, «perfetto per chi mira a servire alla clientela quantità inferiori di prodotto», mi spiega, facendo il nome di una nota multinazionale) i locali dell'aperitivo e della notte, che senza ghiaccio non potrebbero nemmeno tirare su le saracinesche. Ed è lui a ricordarmi da vicino, inevitabilmente, l'incipit di *Cent'anni di solitudine* di Gabriel García Márquez, con il colonnello Aureliano Buendía condotto da suo padre a conoscere il ghiaccio, romanzo-manifesto del cosiddetto realismo magico. Anche perché Marco Ivella, pardon, Cubetto, ha già tentato una volta di fabbricare il ghiaccio in Africa, e giura di volerci riprovare, un giorno o l'altro. «Ah, l'Africa!», sospira. «Non è tanto il mal d'Africa, è che proprio sono innamorato dell'Africa», mi dice mentre gli scultori del ghiaccio fatti arrivare appositamente da Harbin, in Cina, scolpiscono il Muretto delle Favole di Ghiaccio in piazzale Valdo Fusi, prima tappa del Sentiero delle Statue di Ghiaccio che tra le altre installazioni prevede quella di una Mole Antonelliana di ghiaccio alta tre metri e quaranta in piazza Emanuele Filiberto, proprio lì dov'erano le antiche ghiacciaie della città. Ma come le è venuto in mente di fabbricare il ghiaccio in Africa? «È una lunga storia. Se vuole gliela racconto». Prego. «Vede, mio padre vendeva macchine per fare il ghiaccio. Ma io rispetto a lui volevo fare un lavoro più creativo. Ho iniziato rifornendo di ghiaccio il mercato del pesce di Porta Palazzo. Era il 1997. In quel periodo, ben prima delle Olimpiadi, la città ha cominciato a cambiare. Il primo locale a cui ho fornito il ghiaccio per gli aperitivi è stata la Lutèce di piazza Carlina. Poi I Tre Galli in via Sant'Agostino. Allo stesso tempo, mi davo da fare tra feste private e catering, collaborando anche con locali storici come Baratti o Daturi & Motta». Poi, le prime sculture di ghiaccio: ma non a Torino. «Dovevo fornire il ghiaccio per la festa di matrimonio di due torinesi convolati a nozze a Montecarlo. Volevano qualcosa di speciale, e lì mi è venuto in mente che nel giardino della villa dov'era previsto il party, provvisto di ruscello, avrei potuto mettere due cigni di ghiaccio. Così sono andato a Nizza, dove c'era una fabbrica di ghiaccio, e ho conosciuto Mario Anegee». Solo a farne il nome, Cubetto, pardon, Marco Ivella s'illumina. «Mario era un ragazzo del Togo, dunque nero. Ma quando usciva dalla cella frigorifera era tutto bianco, sopracciglia comprese. È stato lui a scolpire quei primi due cigni, e a lui mi sono rivolto quando si è trattato anni dopo di realizzare l'Igloo per le Olimpiadi». È stato Mario a suggerirle di tentare di fabbricare il ghiaccio in Africa? «No, ma a Nizza ho capito che il ghiaccio poteva davvero diventare un business». Cubetto, pardon, Marco Ivella s'illumina anche alla parola *business*. «Mi sono trasferito per due anni in Costa d'Avorio, un posto meraviglioso. E mi sono messo in società col presidente della Repubblica e con il presidente della Corte Suprema, con l'idea di portare il ghiaccio prima a tutti gli ivoriani e poi chissà, al resto degli africani». E poi? Che è successo? «Capirà, con due soci così mi sentivo tranquillo. Solo che poi, quando ormai eravamo pronti per partire e dopo che avevo investito tutto contro tutti, i militari hanno fatto un golpe. Mi è crollato il mondo addosso, anche perché il presidente della Corte Suprema si è messo coi militari e quello della Repubblica è scappato. Addio società. E addio Africa». Così, dopo l'avventura africana, ecco il ritorno alla città natale. «Va detto che prima dell'Africa eravamo già la prima azienda in Italia, nel settore. Ma comunque ho ricominciato daccapo, anche se un po' ammaccato. Oltre a Cubetto ho dato vita a una seconda azienda, Cubotto, specializzata in plastica effetto ghiaccio. Ha presente l'arredamento del Bar 21 in piazza Vittorio? L'abbiamo fatto noi. Ho continuato a collaborare con Mario, che intanto aveva vinto per due volte la Coppa del Mondo a squadre per le sculture di ghiaccio. E ho tirato su una squadra tutta torinese di scultori del ghiaccio, da Gianbattista Lanni, che è il numero uno, a Matteo Audi Grivetta, Renato Sabatino, Nazareno Biondo e Mitic Epuré». Di modo che, dopo le Olimpiadi, sono arrivati i famosi eventi, non solo a Torino ma anche nel resto d'Italia. «Tra le altre cose abbiamo realizzato sculture in ghiaccio per gli Mtv Day e per il tour di Vasco Rossi. E oggi siamo tra le prime cinque aziende d'Europa». Naturalmente sarà Nazareno Biondo a completare con la statua del Bambino la sera del 24 dicembre il presepe di ghiaccio progettato per piazza della Consolata. E se il catering e la fornitura di ghiaccio ai locali restano il *core business* di Cubetto, il sogno non cambia. «Prima o poi il ghiaccio agli africani glielo porto. Amo l'Africa, è il posto dove vorrei invecchiare». Golpe permettendo, si capisce. Auguri!

Tra le categorie di uomini che Hemingway ha sempre ammirato, e di cui ha scritto nei suoi romanzi e racconti, ci sono com'è noto i toreri e i pugili e i soldati e i cacciatori e i pescatori e perfino i fantini, ma anche i baristi e i camerieri. Che Hemingway apprezzava per la loro professionalità e per la loro gentilezza e per la loro discrezione, quando erano professionali e gentili e discreti, s'intende. Spicca su tutti naturalmente il racconto *Un posto pulito, illuminato bene*, ma romanzi come *Fiesta* o *Festa mobile* non sarebbero la stessa cosa se uno gli togliesse i baristi e i camerieri, spagnoli o francesi a seconda dei casi. Sta di fatto che forse al tempo di Hem trovare baristi e camerieri professionali e gentili e discreti era forse un po' più facile rispetto a oggi, anche perché non è obiettivamente facile essere sempre professionali e gentili e discreti quando nessuno si prende la briga di insegnare o raccomandare la professionalità e la gentilezza e la discrezione e si viene pagati in nero, senza ferie né contributi. Da parte mia, amando il vecchio Hem fin dall'adolescenza, ho sempre avuto una grande stima per baristi e camerieri, quando sono professionali e gentili e discreti. E devo dire che a Torino gli esempi non mancano, non solo nei nostri celeberrimi caffè storici. Non so chi di voi conosca Beps, che in realtà non fa il barista e nemmeno il cameriere, ma sforna focacce in via Sant'Agostino. Ecco: Beps a Hemingway sarebbe piaciuto. Non solo per la professionalità, la gentilezza e la discrezione. Beps, che per spostarsi in città usa una vecchia bici da corsa e per spostarsi nella focacceria usa le ali, nel senso che sembra essere dappertutto, perché non si sa bene come riesca a sfornare pizze e focacce e farinata e contemporaneamente a servirle ai tavoli e contemporaneamente a versare da bere e contemporaneamente a salutare gli *aficionados* con il suo sorriso entusiasta e contemporaneamente a infornare due o tre margherite al padellino e contemporaneamente a battere lo scontrino e dare il resto e contemporaneamente a ridere quando sente una battuta di Johnz, alias Johnson Righeira, alias Stefano Righi, alias Il Capo dei Giovani, Beps, dicevo, in realtà non è altissimo e però è un grande. Tutti quelli che lo conoscono prima o poi sono costretti ad ammetterlo: «Beps è un grande». E lui? Lui continua a fare il suo lavoro, contemporaneamente e semplicemente, e a servire tranci squisiti a *gentlemen* e *mademoiselles*. Tra l'altro, sa come si serve da bere, e quando ordini un vino bianco, lui ti porta un calice ghiacciato e ti stappa la bottiglia sotto gli occhi e ti versa un sorso e aspetta il tuo giudizio, il tutto con un'eleganza rara, più da schermidore che da focaccere, se così si può dire.

E poi c'è chi magari alza un poco il gomito e quindi arranca per le scale, per arrivare su in mansarda. E arrancando però ride. E scherza. E poi dopo aver cincischiato con le chiavi riesce infine ad aprire la porta. Dopodiché si spoglia e fa l'amore. E se fa freddo, dopo, s'infila sotto le coperte. E se l'amore è più forte del freddo, poi si scopre di nuovo e riprende da dove aveva interrotto. E la notte passa e diventa giorno e c'è chi per un motivo o per l'altro non chiude occhio. E...

Il solaio

Dove sono finiti, indipendentemente dalla loro volontà, tutti quei torinesi che in questi durissimi anni hanno perso il lavoro, e di cui si ricordano solo il vescovo della città e i residuali ragazzi cosiddetti antagonisti, che peraltro a volte sono antagonisti a tempo determinato non per quanto riguarda l'impiego che non hanno ma in quanto figli di papà.

In solaio, nella Torino dei fasti olimpici che hanno lasciato bellissimi ricordi e tantissimi debiti, peraltro riposizionando la città nell'immaginario degli italiani e portando in piazza Castello non pochi turisti, anche se in effetti ne servirebbero di più, sono finiti innanzitutto i quartieri popolari, a cominciare dagli attigui Aurora e Barriera di Milano. Nel corso degli ultimi lustri, entrambi hanno occupato non di rado le pagine locali dei giornali per fatti di cronaca più o meno nera, per tacere delle lettere inviate a *Specchio dei Tempi*, la celebre rubrica della «Stampa», da tanti residenti che hanno visto cambiare in meglio le vie e le piazze del centro più o meno aulico, e in peggio le loro.

La Torino di oggi confina con il Brasile e l'India e la Cina, l'ho visto coi miei occhi quando mi è successo di guardare lo skyline della città dall'ultimo piano della palazzina direzionale della Fiat al Lingotto. Ma poi, la mattina che mi sono spinto fino in piazza Foroni, ho constatato una volta di più come si ostini a contenere da decenni pezzi di Sud, in questo caso Cerignola. E come dentro questa Cerignola subalpina ci si possa imbattere, da qualche lustro a questa parte, anche in un pezzo d'Africa. Piazza Foroni, che per i suoi abitanti è piazza Cerignola, è in realtà un concentrato di Torino: com'era, com'è e come sarà. E piazza Cerignola parla. Parla della città che a cavallo tra Ottocento e Novecento da capitale diventava industriale: la si scorge nelle linee rigorose degli edifici, quelli di una Barriera operaia in cui le case presentano ancora tinte omogenee e in linea con la tradizione. Piazza Cerignola parla anche attraverso i colorati, profumati e soprattutto animati banchi del mercato, in cui ci s'imbatte in capannelli di uomini dall'accento inconfondibile fermi a chiacchierare come nelle piazze dei luoghi di origine, tra olive e fave, burrate e lampascioni, per tacere delle onnipresenti cime di rapa e dei celeberrimi taralli smerciati dal tarallificio Il Covo. E parlano, con gli occhi, anche i clienti del Covo. Che ci vanno per la bontà dei taralli, certo: semplici o piccanti, vengono prodotti dai fornai con gesti antichi e sempre uguali. Ma anche per tornare bambini. Perché poi, per strada o a casa, addentare e assaporare quei taralli corrisponde a viaggiare nel tempo e nello spazio, e ritrovarsi di nuovo a Cerignola, il luogo delle radici. È un attimo. Com'è un attimo il futuro, che s'intravede dietro l'angolo con via Santhià dietro le vetrine del Gastronomo Da Amare, versione 2.0 delle vecchie pescherie, primo tassello della piazza Cerignola che verrà. Le radici infatti, si sa, diventano rami. E visto che tutta piazza Cerignola parla, da queste parti al posto delle gemme spunteranno i pesci parlanti.

La Falchera a Torino è un mondo a sé. E chi nasce e cresce alla Falchera è orgoglioso delle sue origini. Per andare alla Falchera, quartiere un tempo operaio e oggi non si sa, bisogna prendere il tram numero 4. Almeno così faccio io quando ci vado. E ogni volta, quando a Porta Palazzo salgo su un tram della linea numero 4 diretto alla Falchera, il mezzo è per così dire discretamente affollato. Vado verso il fondo, dove i passeggeri sono prevalentemente stranieri, e mi siedo poco distante da una signora italiana che alla sua vicina di posto sta dicendo: «L'importante nella vita è essere felici». Le due stringono per bene le rispettive borsette. In una babele di lingue il 4 passa il ponte Mosca e avanza rapido lungo corso Giulio Cesare, c'è l'aria condizionata ma malgrado quello che si potrebbe pensare sui condizionamenti della pubblicità molti restano del tutto impermeabili a quella sui deodoranti ascellari. Due ragazzi male in arnese si confidano. «Quello dice non ti preoccupare che i soldi arrivano, ma i soldi non arrivano», fa uno. «Eh, sono tutti così ormai», ribatte l'altro. A un tratto salgono un paio di cinesi e un ragazzo nordafricano con tanto di bicicletta Bmx. Salgono anche un paio di tossici. Le due signore di prima si scambiano un'occhiata e stringono ancora più forte le loro borsette. A metà di corso Giulio Cesare ci faccio caso: l'unico ad aver timbrato il biglietto sono io. Beh, mi dico, si vede che gli altri l'hanno timbrato su un altro mezzo, oppure si tratta di abbonati. Il ragazzino nordafricano ha strappato dalla sua cordicella un manifesto del Gtt che invita appunto a fare l'abbonamento, e attacca a giocarci. Sale un ragazzo coi Ray Ban, va all'obliteratrice e timbra il biglietto: è il primo che vedo. Salgono due cloni di Fabrizio Corona fasciati da occhialoni neri. Ormai siamo davanti al Novotel, cioè al famoso Tossic Park. Infatti i due tossici scendono. Li vedo bloccarsi davanti al festival dell'Unità, che li accoglie a colpi di piadine romagnole, costine alla griglia e ballo liscio. Subito dopo la voce registrata annuncia: «Centro commerciale». I due cloni di Fabrizio Corona scendono, seguiti a ruota dalla maggior parte dei passeggeri. Sul tram rimaniamo in tre. Il 4 s'inabissa nel cemento, scende sottoterra e punta dritto verso via delle Querce angolo via delle Robinie. Quando riemerge in superficie sembra di stare in campagna, ma è la Falchera. Sono le 16,15 e salvo pochi pensionati le strade del quartiere sono deserte. Al capolinea scendo, respiro l'aria della Falchera e poi riprendo il 4 in direzione di Mirafiori. Ripartiamo. Via delle Querce angolo via dei Gelsi: salgono una ragazza, un ragazzo e il loro cane. Poi una signora. Poi un'altra decina di persone. Nessuno timbra il biglietto. O l'hanno già timbrato su un altro mezzo oppure saranno abbonati, mi dico. Riscendiamo sotto terra, risaliamo su. Auchan e McDonald's sono le scritte che ci accolgono in superficie. Altra fermata. Un ragazzo timbra il biglietto. Sale una giovane africana con un vestito a colori sgargianti e un trolley. Va a sedersi. Scendono la ragazza, il ragazzo e il loro cane, che non hanno degnato l'obliteratrice di uno sguardo. Abbonati, senza dubbio. Davanti al distributore Agip di corso Giulio Cesare salgono in cinque o sei, tra cui quattro africani grandi e grossi. Solo un pensionato timbra il biglietto. Gli altri saranno abbonati, penso. Oppure avranno già obliterato su un altro mezzo: ogni biglietto, leggo dietro il mio, dura 70 minuti. Poco dopo salgono due signore dall'accento calabrese con un passeggino, e obliterano. La giovane africana col trolley scende. Salgono quattro arabi e un cinese. Poi altre quattro africane. Nessuno si avvicina all'obliteratrice. Mi torna in mente il vecchio slogan dei punk autoriduttori: BOIA CHI BOLLA. Il 4 passa nuovamente il ponte Mosca e Porta Palazzo e poi imbocca via Milano, dove un negozio promette scarpe solo italiane a partire da sabato. Nel tratto fra via San Francesco d'Assisi e via Sacchi sale un mucchio di gente e qualcuno timbra. Dalle parti di corso Turati avvisto un altro clone di Fabrizio Corona, che oltre agli occhialoni neri fascianti sfoggia anche un borsello Louis Vuitton Paris. Non oblitera. Sarà abbonato o avrà già obliterato. Passiamo via Filadelfia, corso Tazzoli, Caio Mario Park. Caio Mario Park? Sarà una roba tipo Yellowstone. No: è un altro parcheggio. In via Onorato Vigliani scendo e torno indietro con un nuovo 4. Mi convinco che tutti quelli che sono saliti e scesi senza obliterare, cioè la stragrande maggioranza, sono abbonati, oppure hanno già obliterato su un altro mezzo. A meno che oggi non abbia viaggiato in compagnia di tanti insospettabili punk autoriduttori, ovviamente *en travesti*.

Poi, una sera, a Torino, è successa una cosa che nessuno si sarebbe mai immaginato: vedere sullo stesso palco due che in Barriera sono nati e cresciuti, ma che fino a quel momento non si erano mai incrociati. Gipo Farassino e Johnson Righeira. E io, poco prima di quella sera, li ho incontrati. Gipo non stava già bene, ma né io né Johnson immaginavamo che quello che stavano per fare sarebbe stato uno dei suoi ultimi concerti torinesi.

Gipo Farassino, Johnson Righeira: solo la Barriera poteva riuscire a farvi calcare lo stesso palco.

JR: Sono nato in Borgo Vittoria, e quando sono arrivato in Barriera avevo otto anni. Ci sono cresciuto ascoltando le canzoni di Gipo: raccontavano un mondo che non esisteva già più, e un tempo che non ho avuto la fortuna di vivere. Mia madre era nata nelle case popolari di via Lauro Rossi, dove abitava anche il bandito Cavallero. Mio padre, di origini toscane, stava in via Candia, dietro piazza Foroni, detta piazza Cerignola. Mi sentivo di zona, bazzicavo anche Borgo Dora e Borgata Aurora. E ancora oggi se mi trovo a Mirafiori mi perdo.

GF: Io, nato in via Cuneo, per molti anni ho sentito la Barriera come un destino, in senso negativo. La Barriera era una catena, un muro, e io come tanti sognavo di evadere, conoscere il mondo. Ma poi, girando il mondo, ho fatto tesoro di quello che avevo imparato in Barriera, e ho capito: mio nonno era magazziniere alla Venchi Unica, mia nonna aveva un banco al mercato di Porta Palazzo, e quelli erano i miei quarti di nobiltà. Il mare l'ho visto per la prima volta a tredici anni, a Sampierdarena, dove viveva uno zio.

Che ricordi avete della vostra adolescenza in Barriera?

GF: La guerra era finita da poco, c'era voglia di lasciarsela alle spalle. In Barriera i poveri abitavano nelle case di ringhiera, ma con dignità. Ci si conosceva tutti, e si andava a ballare nelle balere di periferia. All'uscita bisognava scegliere: o si prendeva l'ultimo tram, o si accompagnava a casa la ragazza di turno, nella speranza che ci scappasse qualcosa. Eravamo tutti impasticciati di film come *Gilda* e *Casablanca*, e delle loro musiche. Da mio padre avevo ereditato una chitarra. A vent'anni mi sono innamorato dei primi dischi di Johnny Cash, non mi piaceva Luciano Tajoli. Quando è uscito il film *Bellezze al bagno* con Esther Williams l'ho rivisto diciotto volte, per via delle musiche: imperava il boogie-woogie, e noi si partecipava a gare di ballo. All'Arsenale c'era una sala con tanto di orchestrina, d'estate si ballava nel *dehor* e si finiva per fare a cazzotti con i ragazzi che frequentavano il Parigi dalle parti di via Valprato.

JR: In Barriera ho fatto a botte due o tre volte, e mi è andata bene solo in terza elementare. In via Lauro Rossi giocavo a pallone in cortile, senza grandi risultati. La mia Barriera era già un'altra cosa rispetto a quella di Gipo, e per questo la sua aveva ai miei occhi un'aura quasi mitologica. Facevo le medie quando ho ascoltato per la prima volta *Sangon Blues*. L'ho amata subito, mi dava un senso di appartenenza, e l'immagine di questa Torino di periferia e allo stesso tempo balneare mi è entrata nel cuore. Anni dopo, quando in Barriera ho scritto *Vamos a la playa* o *L'estate sta finendo*, avevo ancora dentro la canzone di Gipo. Il verso «È tempo che i gabbiani arrivino in città» mi è venuto perché una sera, a bordo del 3, ho visto i gabbiani sorvolare la Dora.

GF: A proposito di *Sangon Blues*: a Rivoli c'era una sabbia finissima, e rocce belle grosse, ma l'acqua era bassa. Così se ti volevi tuffare dovevi centrare i punti in cui erano cadute le bombe, altrimenti facevi la fine di Gatto Silvestro.

Com'è ai vostri occhi la Barriera oggi?

JR: A me sembra di cogliere piccoli segnali di rinascita, a cominciare dalla volontà di riappropriarsi degli spazi. Per molti anni me ne sono andato da Torino, e sono vissuto a Milano e in Veneto. Ma poi, quando ho sentito il richiamo di casa, sono tornato a stare dalle mie parti, dietro il Cottolengo.

GF: La Barriera è come la famiglia, puoi parlarne male solo se ne fai parte. Certo adesso come adesso siamo proprio nella m... La mia speranza è che venga riscoperta. Poco più di un anno fa sono stato in via Feletto all'inaugurazione della libreria di Italo Cossavella, la Todos Contentos, e ho visto che tutti i negozianti di quel tratto di corso Vercelli erano partecipi della cosa, chi offriva un bicchiere di rosso, chi tagliava una fetta di salame. So che vogliono pedonalizzare e riqualificare piazza Foroni, speriamo.

Qui un tempo si sentivano arrivare e partire i treni da e per le Valli di Lanzo. Oggi non più, ed è un peccato. Siamo in piazza Borgo Dora, ovvero alle spalle di quella che un tempo era la stazione principale di quella che per molti era la cosiddetta Ciriè-Lanzo, anche se in realtà si trattava della Torino-Ceres, la ferrovia che aveva il suo centro nevralgico proprio a due passi da Porta Palazzo. E l'area gioco di piazza Borgo Dora è a pochi metri dal luogo dove terminavano i binari. I bambini della zona hanno a loro disposizione, qui dove ogni sabato si tiene il mercato del Balon, una gialla altalena, uno scivolo di dimensioni ridotte, due giochi a molla e una sorta di pertica rotante su cui volendo ci si può immaginare Tarzan nel bel mezzo della giungla. Quanto alla giungla, non manca. Non tanto per via del verde del giardino circostante, che comunque c'è, con i suoi alberi e le panchine e i rettangoli d'erba delimitati da un muretto di mattoni rossi e da una cancellata grigia. No: quando si parla di giungla s'intende in questo caso la città stessa, con tutto ciò che contiene. Tra cui le ombre che non hanno dove andare e dunque spesso capitano qui, e scelgono una panchina a caso su cui sostare in preda agli effetti dell'alcol o di qualche altra sostanza, sotto gli sguardi di bambini che imparano presto cose che nulla hanno a che fare con i loro giochi. Dato che il quartiere com'è noto è multietnico, è facile che i bambini e le loro mamme abbiano colori diversi. Ma tra i colori di quest'angolo di Torino spiccano soprattutto quelli dei rifiuti nei pressi delle panchine, fogli bianchi di giornale, sacchetti azzurri di plastica, bottiglie verdi di birra. Non è raro trovare brandelli di spazzatura anche tra i giochi. Ed è un peccato, perché a tutto si fa presto l'abitudine.

In solaio a Torino a un certo punto hanno messo i tram, almeno quelli con una certa anzianità. Poi per fortuna è nata un'associazione di appassionati di tram storici, tra cui spicca Stefano Cerrato, e alcuni di quei tram sono stati rimessi in circolazione, certi solo in occasioni speciali, altri praticamente ogni giorno. È il caso del numero 7, quello verde. Un sabato l'ho preso in piazza Castello, giusto per il piacere di farmici un giro. In via Po ho notato che le persone anziane in attesa dei mezzi alle fermate lo guardavano con affetto, e quelle più giovani con curiosità. Un signore, salendo, ha chiesto: «Ma questo tram funziona? Non è mica per un film?». Un papà con un bambino invece si è seduto lì dove un tempo sedeva il bigliettaio, e dunque in fondo alla mensola marrone a dire il vero alquanto impolverata su cui in altre occasioni avevo visto esposti cartoline e manifestini sui tram storici torinesi, e ha iniziato a spiegare al figlio di come un tempo tutti i tram a Torino fossero verdi, e col bigliettaio. Il tram ha tagliato piazza Vittorio e proseguito lungo corso Cairoli, per poi svoltare in corso Vittorio. E subito dopo la stazione, è arrivato all'altezza di corso Re Umberto. È lì che tra i passeggeri si è aggiunta una signora africana. «Questo tram va a Porta Palazzo?», ha chiesto la signora africana a una signora autoctona. «Le conviene scendere all'altezza del Duomo», le ha risposto questa. Poi la signora africana si è guardata attorno. Posti liberi ce n'erano, ma alla fine ha deciso di restare in piedi. Solo che poi il suo sguardo ha intercettato il sottile strato di polvere sulla mensola marrone, e non è stata capace di trattenersi. Ha estratto dalla borsa un fazzoletto bianco, immacolato, e con quello ha spolverato la mensola, lentamente, con cura. Poi ha ripiegato il fazzoletto e lo ha rimesso nella borsetta. Il tram ha proseguito la sua corsa, e alla fermata nei pressi del Duomo la signora africana è scesa, diretta presumibilmente al mercato. Quando il tram è ripartito, l'ho guardata avanzare lungo corso Regina Margherita, e mi sono subito pentito. Mi sono pentito per non averla ringraziata, a nome mio e di tutti i torinesi, amanti dei tram storici e non, per quel gesto semplice che aveva fatto.

E in solaio, almeno in teoria, sarebbero potuti finire pure i trenini della Cremagliera per Superga. Che invece continuano a viaggiare alla faccia della modernità. Il signor Emilio Crosignani, nativo della Valle di Susa ma torinese da oltre trent'anni, è forse il solo dipendente Gtt che ogni mattina all'alba comincia la sua giornata lavorativa andando a caccia di cinghiali. «Senza doppietta, però», sorride. «Con me porto solo un falcetto. Che tra l'altro mi serve giusto per tagliare l'erba e magari dare qualche colpetto ai bulloni delle rotaie lungo il percorso della Cremagliera, per verificare se c'è bisogno di un qualche intervento di manutenzione». Il signor Crosignani infatti va a caccia di cinghiali perché lavora presso la Sassi-Superga. E per dirla tutta dà la caccia più che altro a eventuali danni provocati dai cinghiali che da qualche tempo in qua scorrazzano su e giù per la collina, spingendosi fino alla Dentera: finché lui non torna indietro alla stazione di partenza e non dà il via libera, le vetture bianche e rosse dai sedili in legno stanno ferme. «Comincio il mio giro di controllo alle sei del mattino, vado su fino a Superga e scendo a piedi. Verifico che non ci siano smottamenti del terreno o rami sulle rotaie e che griglie, traversine, cancelli siano a posto. Devo anche assicurarmi che le due gallerie siano libere. In tutto impiego un'ora, un'ora e mezza, dipende dalla stagione, dalla pioggia e dalla neve. Solo al mio ritorno il capotreno ha il mio consenso per dare corrente alla Cremagliera: 600 volt a terra in linea continua, la cosiddetta terza rotaia da non confondere con quella centrale, dentata, messa in sicurezza con una copertura di legno e di plastica». Ma come si diventa responsabili della sicurezza della linea Sassi-Superga? «In Gtt sono entrato nel 1983», mi racconta il signor Crosignani. «Ero venuto a sapere di un concorso per meccanici, ne prendevano 84. Sono arrivato ottantacinquesimo. Sei mesi dopo, però, mi hanno chiamato perché si era liberato un posto alla squadra manutenzione binari». Stranamente, nessuno o quasi dei suoi colleghi desiderava occuparsi della Sassi-Superga. «Anche se arrivavo dalla Valle di Susa conoscevo questa linea, e chiesi di lavorare qui. All'epoca trovai un ambiente abbastanza *sui generis*: erano tutti anziani, sul punto di andare in pensione, e tenevano molto alle formalità. Berretto sempre in testa, divisa sempre in ordine. Sembrava di essere ai primi del Novecento». Fin dall'inizio il signor Crosignani ha avuto l'incarico di controllare tutto il ferro e tutto il legno della linea, provvedendo ai tre tagli d'erba che si rendono necessari durante l'estate e aprendo cantieri per la sostituzione di traversine e giunte. «Pensi che c'erano ancora casellanti che vivevano lungo la linea: i quattro caselli tra Sassi e Superga, risalenti al 1884, erano tutti occupati, e i casellanti si portavano il lavoro a casa, nel senso che la sera pulivano le pulegge e le riposizionavano. Il capo viveva nel primo casello, il più bello e il più vicino a Torino: quando andava in pensione, lo lasciava al collega con più anzianità di servizio. Era un altro mondo. I casellanti avevano l'orto e le galline, e andavano davvero a caccia, non di cinghiali perché allora non ce n'erano ma di lepri. Tenevano anche puliti i boschi, perché raccoglievano la legna per scaldarsi. Nell'83 da queste parti c'erano ancora venti mucche, e prima ce n'erano più di duecento. Oggi non ne è rimasta nemmeno una, le vecchie cascine sono diventate abitazioni di lusso». Nella giornata lavorativa del signor Crosignani, che prosegue a seconda dei casi e delle stagioni fino alle 16 o alle 21, non c'è solo la manutenzione della linea. «Io e i miei colleghi badiamo alle vetture qui in officina: tenga presente che le tre motrici sono del 1934 e del 1936, mentre le quattro carrozze risalgono al 1884. Le ruote per esempio sono montate su bronzine, non su cuscinetti, e di tanto in tanto dobbiamo oliarle. Poi c'è il pezzo che si rompe e che a volte ci fa ammattire, perché come si può immaginare non è facile trovare ricambi». La prima corsa parte alle 9, l'ultima alle 21 d'estate e alle 15 d'inverno, anche se nel fine settimana si arriva rispettivamente alle 24 e alle 21. «Quando sono arrivato, la linea serviva anche molti residenti, specie studenti di Baldissero. Ora non ce ne sono più, lavoriamo solo con i turisti, ma si tratta di centomila persone l'anno. Il paradosso è che la Dentera è più nota agli stranieri che ai torinesi: arrivano svizzeri e tedeschi a frotte, e una volta anche un ingegnere di Tokyo che sapeva tutto di noi e che era venuto a Torino solo per farsi un giro fino a Superga e ritorno. Quanto alle famiglie col cestino del pic-nic, che negli anni Ottanta parlavano ancora piemontese, oggi parlano romeno». La Sassi-Superga, che è un vero gioiello e per fortuna non è mai stata soppressa, chiude solo il martedì. Il signor Crosignano e i suoi sei colleghi la amano tanto che quando sono in ferie telefonano in officina per sapere se l'ultima motrice che si è guastata funziona di nuovo.

A Superga, dove il 4 maggio di ogni anno si va per ricordare il Grande Torino, anche se c'è chi preferisce farlo il 3 o

il 5 o comunque un altro giorno, per raccogliersi in silenzio
ed evitare i malumori nel caso il Toro attuale non brilli in
campionato. Fermo restando che la tragedia non è morire,
ma dimenticare.

Il terrazzo

Dove resiste la Latteria Svizzera, sosta imprescindibile specie se dotati di bambini, che fanno scorpacciate di gelato alla stracciatella e giocano a rincorrersi tra i tavolini.

Durante le mie passeggiate in città, nel corso degli ultimi anni, mi sono imbattuto in svariati segni della Torino di oggi: gli adesivi sulle vetrine di certi empori di Porta Palazzo con la scritta QUI SI PARLA PIEMONTESE, un tempo ovviamente impensabili; il piercing infilzato in un edificio di via Palazzo di Città, un tempo semplicemente improponibile; e poi gli ingressi per accedere alle stazioni della metropolitana, che ci sono davvero, alla pari della metropolitana, ancorché si tratti di una metropolitana mignon; il profilo dei grattacieli comunque più bassi della Mole Antonelliana per la gioia del burbero Eccellentissimo Illustrissimo Ingegner Architetto, l'Arco Rosso del Lingotto, eccetera. Ma se c'è un posto che apprezzo quando il clima è mite e splende il sole e mi viene voglia di gironzolare dalle parti del Po, è la bocciofila nascosta dietro il Circolo Amici del Fiume di corso Moncalieri, a pochi passi dalla Gran Madre. L'ho scoperta per caso un pomeriggio che mi ero messo in testa di iscrivermi a un corso di canoa o di kajak, salvo poi cambiare idea perché avevo visto una pantegana tuffarsi nel fiume, e quand'è possibile ci torno. Nella bocciofila dietro gli Amici del Fiume, come si dice, il tempo sembra essersi fermato. Certo il fatto che almeno un tavolo sia perennemente occupato da un gruppetto di pensionati intenti in un'interminabile partita a scopa aiuta a fantasticare, e guardando il fiume che scorre lento al di là del verde o il campo da bocce deserto pare essere tornati indietro di trent'anni o giù di lì. A volte qui si riesce perfino a bere una cedrata. In mancanza di quella, hanno comunque il chinotto e l'acqua brillante.

Il terrazzo a Torino è la lunga passeggiata che si può fare percorrendo il Lungo Po Antonelli. Grazie agli alberi e alle panchine di pietra e al fiume percorrere questo tratto di città equivale a ritagliarsi una porzione di tempo via dalla pazza folla, dai rumori del traffico, dall'asfalto. Il Lungo Po Antonelli, da cui si vedono dall'altra parte del fiume il Parco Michelotti e la collina e il colle di Superga, è l'equivalente torinese della Via dell'Amore alle Cinque Terre, col vantaggio che il percorso è in piano e non ci s'imbatte in comitive di pensionati tedeschi coi loro bastoncini da Nordic Walking. Senza contare che la stragrande maggioranza dei torinesi non ci ha mai messo piede, per cui non di rado ci si ritrova a godersi il privilegio di passeggiare da soli, oppure mano nella mano con la persona amata.

Lei d'estate dice alle amiche: «Oggi vado alle Maldive». Magari è in giro per fare la spesa, e dopo essere passata dal macellaio per comprare la tritata per il ragù è in attesa del suo turno dal panettiere oppure dal verduriere, che poi il fatto che a Torino ci siano ancora fisicamente dei negozi del genere anche in centro è un lusso che in altre città tipo Milano si sognano e fa della nostra un posto speciale, dove oltretutto almeno per ora c'è ancora una gran varietà sociale. Comunque: lei di questa stagione mentre è in giro per fare la spesa dice anche ai negozianti: «Oggi vado alle Maldive». E il bello è che se lo dice oggi che è venerdì, lo ripete poi anche domani, di sabato. E pure di lunedì. E le amiche e i negozianti, per quanto consapevoli che partire da Torino per andare alle Maldive e tornare in città comporti l'impiego di un certo numero di ore, il che rende poco credibile che una vada alle Maldive oggi e si ripresenti l'indomani, annuiscono, compiacendola. Lei del resto sfoggia un'abbronzatura naturale, ottenuta senza l'uso di lampade o creme autoabbronzanti, decisamente notevole. Al punto che, nera com'è, potrebbe benissimo essere andata davvero alle Maldive. Dopo aver detto «Oggi vado alle Maldive» lei passa a parlare del più e del meno e poi compra quel che deve comprare e saluta e se ne va. Quindi torna a casa in Lungo Po Antonelli, ripone la spesa lì dove la si ripone di solito, ovvero tra la dispensa e il frigorifero, e si prepara per andare alle Maldive. Non impiega molto: alle Maldive lei va con il solo bagaglio a mano, costituito da una biro Bic blu e da una copia della «Settimana Enigmistica», e indossando direttamente un prendisole, cosa che normalmente non è detto si possa fare quando ci si accinge a passare i controlli di frontiera in un aeroporto. Ma lei per andare alle Maldive non deve passare alcun controllo, e non deve nemmeno recarsi in aeroporto. Le basta attraversare il soggiorno, e uscire sul balcone, lì dove una sedia sdraio è posizionata strategicamente in modo da permettere la vista sul Po e la collina, oltre che sul colle di Superga. Sedia sdraio su cui lei si accomoda, inforcando gli occhiali da sole e aprendo la «Settimana Enigmistica» alla pagina dov'era arrivata il giorno precedente. Quando era alle Maldive. Dopodiché si immerge nelle parole crociate, che certo non sono paragonabili alle acque dell'arcipelago nel bel mezzo dell'Oceano Indiano. Ma del resto, lei non sa nuotare. E poi con i mutamenti climatici le Maldive un giorno o l'altro spariranno. Le parole crociate invece no.

All'Environment Park, altro bel terrazzo cittadino, oggi ci fanno feste, pic-nic, raduni, concerti, performance. Tutto intorno al parco progettato da Emilio Ambasz, Benedetto Camerana e Giovanni Durbiano ci sono i complessi abitativi della Spina 3. Qui dove nel secolo scorso sorgevano le Ferriere Fiat oggi c'è chi porta a spasso il cane o amoreggia con la fidanzata, o viceversa. E il fatto che in questa fetta di città sia giunto il verde è senz'altro una cosa buona e giusta: anni fa mi venne proposto di collaborare alla stesura della sceneggiatura di un mockumentary in cui si immaginava una Torino in cui tutte le strade e tutte le piazze fossero ricoperte da un manto d'erba: purtroppo stavo lavorando a un romanzo, non avevo modo di farlo, ma mi sarebbe piaciuto. Perché oggi le Ferriere Fiat non esistono più, e con esse tante altre fabbriche. Ma nonostante il verde, che in città davvero non manca, la qualità dell'aria è quella che è. Basta salire su a Superga e guardare la città dall'alto per rendersene conto: non di rado, una cappa marrone la soffoca.

E poi, in terrazzo, dovrebbe presto sorgere una ruota panoramica. Cosa che ha scatenato le classiche polemiche. Ruota panoramica sì? Ruota panoramica no? E, se sì, dove? Al Valentino o alla Pellerina? Nell'epoca postindustriale alle città già industriali tocca reinventarsi, noi ne sappiamo qualcosa. E nel farlo devono confrontarsi con l'epoca attuale, che com'è noto è quella dell'intrattenimento. È anche per questo che ormai le ruote panoramiche sparse per il globo non si contano, sull'esempio di Londra e Singapore. In realtà la prima, sorta a Chicago nel 1893, venne demolita poco dopo. Eppure se ne progettano sempre di nuove, a Pechino come a Mosca, a Berlino e naturalmente a Dubai, crisi finanziaria permettendo. E se a Madrid verranno presto trapiantati i casinò di Las Vegas, a Las Vegas hanno appena aperto il cantiere dell'ennesima ruota panoramica più grande del pianeta, destinata a surclassare quelle esistenti finché da qualche altra parte qualcuno non deciderà di surclassare anche quella. Insomma: la ruota panoramica che dovrebbe stagliarsi nel cielo sopra Torino è allo stesso tempo un gadget imprescindibile e un'enorme banalità. Poi certo ci sono le considerazioni ambientali. Ma chissà che in cima a una ruota panoramica l'aria di Torino non si riveli più respirabile di quanto non accada tenendo i piedi per terra.

Che poi c'è chi attraversa il parco mano nella mano, felice, e a un tratto alza lo sguardo credendo di scorgere uno scoiattolo e invece s'imbatte nella visione di uno zombi fatto di crack.

E c'è anche chi giura di aver visto proprio qui, al Valentino, uno stambecco.

Il giardino

Dove si ribadisce l'inconsistenza dello stereotipo della città solo grigia e industriale, anche se c'è chi sostiene che a Torino piove sempre, anche quando c'è il sole; e dove si tratta anche di aree gioco, visto che nel frattempo c'è chi è diventato genitore.

Contrariamente a quello che si crede, a Torino i giardini non mancano. Ce ne sono di privati, spesso nascosti alla vista dei più, specie in collina e pre-collina, lì dove cani da guardia e telecamere di sorveglianza e custodi fanno in modo di preservare la privacy dei proprietari dei giardini medesimi, e di pubblici. E dato che la maggior parte dei torinesi un giardino privato non ce l'ha, da parte mia ho sempre guardato con gratitudine a chi cura quelli pubblici.

Carmela Bellitti è una torinese che da quasi trent'anni lavora nel verde. Il verde di parchi, giardini, aree gioco e corsi alberati di Torino. Un verde che molti torinesi amano e rispettano, e che altri invece danno per scontato, oppure ignorano, quando addirittura non danneggiano, anche se si tratta di una delle maggiori ricchezze della nostra città. Carmela Bellitti oggi lavora a Villa Genero, una delle sedi del Settore Gestione Verde e del Settore Alberate Urbane della

Città di Torino, e mi mostra orgogliosa un album fotografico con i vasi e le fioriere e i bonsai e gli addobbi realizzati negli ultimi anni con i suoi colleghi giardinieri «un po' artisti» per le Olimpiadi e il Salone del Libro, Artissima e il Teatro Regio, piazza Carlo Alberto e il Municipio. Ma durante il suo percorso lavorativo ha fatto davvero di tutto. «Ho iniziato a metà degli anni Ottanta, dopo che ero entrata in Comune con un concorso. Non mi ero mai occupata di giardinaggio, prima di allora. E ho scoperto un mondo, con la manutenzione di parchi e aiuole spartitraffico, e potando gli alberi di corso Trapani, corso Montecucco, corso Francia. Poi, al quartiere San Paolo-Cit Turin, sono stata assegnata alla cura delle aiuole e alla potatura degli alberi di piazza Adriano, piazza Rivoli e piazza Bernini, dei corsi e di Parco Ruffini. Quindi c'è stata la suddivisione tra verde orizzontale e verticale, tra chi si doveva occupare delle piante ad alto fusto e chi doveva farsi carico delle aiuole. E così sono passata in via Nino Bixio. Nel frattempo compiti come lo sfalcio dell'erba si erano ridotti, perché appaltati a imprese private, le stesse che oggi ci affiancano nei grandi interventi. Alla fine degli anni Ottanta, noi giardinieri eravamo ancora più di trecento. Adesso siamo rimasti in settantasette, tra cui diciassette donne. Le ultime assunzioni sono avvenute in vista delle Olimpiadi, una quindicina di giovani che ora hanno tra i 25 e i 38 anni». I compiti dei giardinieri naturalmente cambiano con le stagioni, e si lavora all'aperto oppure in serra. Oltre a potare e sfalciare occorre piantare, travasare, concimare, bagnare, tenere alla larga i parassiti, ma anche riparare panchine e fontane, e ripulire le fioriere. L'orario prevede l'ingresso alle sette e trenta e l'uscita alle quindici e trenta. «A Villa Genero ci occupiamo delle decorazioni per i grandi eventi, le mostre, i festival e gli uffici di rappresentanza, come la Sala dei Marmi in Municipio o l'ufficio del sindaco o l'anagrafe. Facciamo di tutto, dal bonsai al vaso da cento chili alle composizioni con fiori recisi. Delle piante che facciamo crescere a Villa Genero, un centinaio deve essere sempre a disposizione per ogni necessità. Durante le Olimpiadi siamo riusciti a tenere fioriti i ponti sul Po con fiori 'forzati in serra', narcisi e tulipani che di norma sbocciano tra marzo e aprile». Carmela, che ammette come lei e i suoi colleghi abbiano imparato molto dal caposquadra Salvatore Paparella sviluppando col tempo un «occhio artistico» ma anche mettendo da parte rami spezzati dalla forma bizzarra o materiali di scarto perché tutto prima o poi torna utile, non riuscirebbe mai a lavorare in un ufficio. «Ci ho anche provato, in biblioteca. Mi sono bastati due giorni. La cosa più bella del nostro lavoro è stare a contatto con la natura: prima non mi accorgevo di nulla, non sapevo che gli alberi avessero bisogno di cure e consideravo l'inverno solo un fastidio. Ora mi accorgo dei prati che cambiano colore, delle piante che crescono, e della bellezza che il verde regala alla città. Ecco, una parte di noi torinesi non si è ancora abituata alla bellezza, e non si rende conto che c'è chi ripristinando un'aiuola o una fioriera dove sono state buttate cartacce e bottiglie fa in modo di preservarla. Pochi giorni fa mentre ero in auto ho sentito le cicale sul ponte di via Livorno: non mi era mai successo. E la bellezza di una città è fatta anche di queste cose». In centro il verde di Torino è sempre più curato, in periferia un po' meno. «Io abito a Madonna di Campagna, e da questo punto di vista il quartiere è migliorato molto, avvicinandosi al centro. Sa che cosa mi stupisce, però? Che a godere del verde siano innanzitutto i nuovi arrivati. È un peccato che tanti di noi abbiano dimenticato quanto sia gradevole passeggiare su un prato, sedersi all'ombra di un albero».

Il giardino a Torino è anche inteso come area gioco: portare i bambini ai giardini significa portarli a giocare all'aperto. Peccato che Torino, per così dire gemellata con Berlino in nell'Anno Domini 2015 nell'ambito di «Torino incontra Berlino», sia meno attenta ai bisogni dei suoi pargoli rispetto a quanto avviene nella capitale tedesca, dove ogni tre isolati ci s'imbatte in aree gioco in genere assai belle e ben tenute. Ma questo ha a che vedere con un vizio italico, più che torinese: da noi, al contrario di quanto accade in Germania, non si ha notoriamente rispetto per la cosa pubblica, e inoltre non si ha a cuore il destino delle giovani generazioni, che dopotutto sono il futuro del Paese. Di modo che anche le aree gioco raccontano qualcosa di un luogo e degli usi e costumi dei suoi abitanti.

L'area gioco Giardini Sassari fa parte della Circoscrizione 7 e si trova all'angolo tra via Cigna e via Sassari, ovvero alle spalle del Cottolengo e a pochi passi da un sex shop, la cui presenza è invero piuttosto discreta ancorché reclamizzata da un cartello: che comunque non ha nulla di volgare, al contrario di quanto passa normalmente a tutte le ore in tivù. Qui, benché si sia a pochi minuti dal centro, Torino è già come usa dire in certi testi di sociologia e in molti articoli di giornale 'territorio di frontiera'. Sulle panchine all'ombra degli alberi infatti non si danno appuntamento solo placidi pensionati o mamme dotate di passeggino o carrozzina, ma altresì certi personaggi dall'aria (come dire?) poco rassicurante, ecco. E talvolta il verde che si scorge passando in auto da queste parti non è soltanto quello del prato che resiste stoico all'incuria sulle pendici della collinetta al centro della piazza, ma corrisponde piuttosto al tappeto di bottiglie di birra vuote che si lascia alle spalle la versione locale e assai *Lumpen* della celebre movida torinese. Una cancellata grigia, bassa e in definitiva piuttosto triste separa lo spazio riservato ai bambini da quello dove stazionano gli adulti, che, per fortuna, considerate le ricorrenti libagioni pomeridiane e serali, possono ancora usare uno dei rari vespasiani vintage sopravvissuti in città. Due altalene di cui una molto vissuta, due scivoli di cui uno idem come sopra, un bilico: gli 'utenti' dei Giardini Sassari non hanno molto altro a disposizione. Sopra le loro teste svettano lampioni che a dire il vero si stenta a non definire orrendi, sarà per la bizzarra punta a forma di uovo che le fronde degli ippocastani non riescono a nascondere. Sotto i loro piedi marciscono cartacce che in sincerità si teme di dover ammettere numerose, sarà per la bizzarra abitudine di buttarle a terra anziché negli appositi cestini. Le panchine a disposizione di genitori e parenti sono spesso ornate da scritte non sempre particolarmente ispirate, ma questo succede a ogni latitudine. Completano il panorama un distributore, un bar sport e il traffico non di rado notevole e rumoroso di via Cigna.

L'area gioco del Valentino sita lungo viale Ceppi, ovvero sul lato del Giardino Roccioso, è a poche centinaia di metri da corso Massimo d'Azeglio, e la si può raggiungere comodamente usando i mezzi pubblici numero 34 e 67, che fermano alla sua altezza sul viale medesimo. Qui il verde naturalmente non manca, e rispetto ad altri luoghi deputati allo svago e al divertimento dei bambini il traffico delle auto è tutto sommato abbastanza distante. Certo al mondo c'è di meglio: il Valentino, pur ampio, si sviluppa del resto come sappiamo in lunghezza, al contrario, per dire, del Tiergarten berlinese. E dietro l'angolo, di fianco a Torino Esposizioni, c'è il parcheggio dei pullman usati dai turisti. Ma in ogni caso l'aria che si respira da queste parti è migliore rispetto a quella di via della

Consolata. Ciò detto, qui i bambini torinesi hanno a loro disposizione i classici attrezzi di ogni area gioco, dall'altalena allo scivolo al bilico alla casetta colorata. In più, a due passi, c'è un canestro a disposizione di cestisti grandi e piccoli. E di tanto in tanto si vede passare una coppia di poliziotti a cavallo, di quelli a guardia del parco: di modo che se gli agenti si fermano per far riposare i loro animali, molti pargoli non resistono alla tentazione e còrrono ad ammirarli da vicino, chiedendo ai cavalieri di poterli accarezzare. I cavalli di pattuglia tuttavia non sono l'unica tentazione: a pochi metri infatti ci sono le giostre colorate della famiglia Piccaluga, capaci di attirare non solo tanti figli ma anche molti genitori memori della loro infanzia, di quelli che ogni tanto tra amici sospirano: «Eh, ti ricordi quando a Carnevale le giostre stavano in piazza Vittorio?». Comunque: al contrario di quanto può accadere altrove qua e là all'interno del Valentino, specie in occasione di pic-nic e affini a Pasqua e Pasquetta e in genere nei fine settimana durante la bella stagione, lo spazio riservato ai bambini è invero piuttosto pulito. I loro accompagnatori hanno a loro disposizione numerose panchine su cui riposare le stanche membra, e i chioschi a cui rivolgersi in caso di fame o di sete non mancano. Mancano invece, ma questo è un po' il problema di tutto il parco, i servizi.

L'area gioco presso l'Aiuola Balbo appartiene alla Circoscrizione 2, e gode di più di un privilegio. Innanzitutto, si trova proprio alle spalle di uno dei capolavori architettonici della Torino che non sta mai ferma, quel piazzale Valdo Fusi che mezzo mondo, anzi tutto, ci invidia, e che di conseguenza richiama in città folle di turisti che a casa loro non hanno mai visto nulla di paragonabile. Poi è a un passo dai Giardini Cavour, che da parte loro non sono una vera area gioco ma si prestano a corse in bicicletta e partite di calcio. E infine da qui si può agevolmente raggiungere, passando proprio per i Giardini Cavour, piazza Maria Teresa: luogo meraviglioso per portarvi i bambini a passeggio, che si ha in animo di trasformare in un nuovo, stupendo parcheggio sotterraneo (suggerisco alle autorità competenti di eliminare tutti gli alberi e di sostituirli con dissuasori in cemento armato, così che la loro opera sia ricordata dalle generazioni future). Detto dei vantaggi della posizione, passiamo all'area gioco vera e propria. Qui ci si diverte sullo scivolo o sull'altalena o sul bilico o sulla casetta colorata godendo della frescura prodotta dagli alberi e dalla fontana che con il suo rumore contraddistingue il luogo, sorto nel 1874 poco prima dei Giardini Cavour lì dove si trovava il Giardino dei Ripari, che a sua volta aveva preso il posto degli antichi terrapieni fatti abbattere da Napoleone. Oltre alla fontana, ecco dunque a disposizione di eventuali genitori ansiosi di trasmettere qualche informazione sulla storia della città alla loro prole anche le statue dedicate tra gli altri a Cesare Balbo, Luigi Kossuth e Daniele Manin. Tuttavia non ci sono solo monumenti storici, perché il luogo pullula di quelli che a prima vista un bambino potrebbe anche scambiare per reperti archeologici, a seconda della data di produzione: trattasi in realtà di deiezioni canine, cortese omaggio dei torinesi che malgrado l'enfasi sull'eleganza della città e sull'*understatement* dei cittadini «se ne fottono» della buona educazione e non si peritano di raccogliere i rifiuti organici prodotti dai loro cani. E dunque attenti, bambini, a dove mettete i piedi! Anche perché di fianco a una panchina potrebbe esserci una siringa.

«Celeste è questa / corrispondenza d'amorosi sensi, / celeste dote è negli umani; e spesso / per lei si vive con l'amico estinto / e l'estinto con noi, se pia la terra / che lo raccolse infante e lo nutriva, / nel suo grembo materno ultimo asilo / porgendo, sacre le reliquie renda / dall'insultar de' nembi e dal profano / piede del vulgo, e serbi un sasso il nome, / e di fiori odorata arbore amica / le ceneri di molli ombre consoli». Così il Foscolo, nei *Sepolcri*. E di quei fiori profumati che abbelliscono il cimitero Parco di Torino Sud si occupa Umberto Pagotto, dipendente della Afc Torino SpA che dal dicembre 2008 gestisce i servizi cimiteriali. Fino a pochi mesi fa, il signor Pagotto curava il verde all'interno del Monumentale, dov'è rimasto per cinque anni. «Oggi sono responsabile della gestione del territorio: organizzo le squadre per la pulizia e la manutenzione del verde e dei siti cimiteriali, e per l'allestimento delle aiuole. Ci occupiamo sia dei fiori agli ingressi sia dei prati dove sono sepolti i defunti, potiamo gli alberi e tagliamo l'erba. L'obiettivo, nel momento in cui ci si prende cura del verde, è riuscire a realizzare creazioni capaci di durare nel tempo, magari con materiali di recupero. Sarà che arrivo dalla montagna e che dalle mie parti non si butta via niente». La creazione ex novo di aiuole si rende necessaria nel momento in cui i terreni da cui sono state esumate le salme, ormai bonificati, rimangono a prato. Ma qualsiasi prato richiede a seconda delle stagioni una certa qual manutenzione, e poi c'è la questione dell'abbellimento del luogo, a cui Umberto Pagotto, originario di Giaveno, tiene molto. «Vede, quando sono andato a lavorare al Monumentale mi sono subito reso conto che qualsiasi intervento sul verde doveva tenere presente che il luogo è molto aulico. Prima di progettare le aiuole, ho fatto studi di carattere storico, e ho cercato di capire quali linee fossero state usate un secolo e mezzo fa, all'apertura del cimitero. Per me si trattava di realizzare qualcosa di moderno, ma tenendo a mente i legami con il passato». Mi mostra un'aiuola in cui le siepi riprendono le linee e le ellissi delle mura cimiteriali, mentre poco distante, lì dove ci sono gli edifici più recenti, pietre, ghiaia di fiume e aceri concorrono a formare una sorta di giardino zen. «In questo caso ho recuperato quel che era avanzato di un carico di ghiaia: i giardini di pietra richiedono una manutenzione minima, ma non sono meno gradevoli». La giornata di Umberto Pagotto, tanto innamorato del verde da aver chiamato le sue figlie Dalia e Viola, comincia alle otto del mattino e finisce alle sedici e trenta. Con lui lavorano circa trenta persone, armate di vanghe e scope e palette e rastrelli e, quando necessario, provviste di mezzi meccanizzati per la rimozione della terra. «Da ragazzino, avrò avuto dieci o dodici anni, ho imparato molto osservando il lavoro dei vecchi delle mie parti, magari reggendo loro la scala quando potavano una pianta. Entro i diciott'anni avevo già realizzato per conto mio tre giardini, su incarico di privati. E ho continuato a fare il giardiniere anche durante l'università, per pagarmi gli studi, facendo esperienze in campagna e in riviera, ad Albenga, ma anche in uno studio tecnico di Pinerolo. Intanto, ho conseguito la laurea in Scienze Agrarie. Finché nel 2005 ho passato una selezione presso una società di consulenza privata, e nel gennaio del 2006 ho iniziato a lavorare al Cimitero Monumentale». Ma com'è mettere piede ogni giorno in un cimitero, non per fare visita ai propri cari ma per lavoro? «Bellissimo. Capisco e rispetto che sia un luogo con una valenza sacrale, ma a dire la verità io lo vedo come un parco, e sono interessato alla bellezza delle piante e all'architettura del paesaggio. So che potrà suonare strano, ma per me si tratta di un posto gradevole, a volte entusiasmante, e perfino stimolante, dove ho la possibilità di mostrare ai cittadini che come vuole la tradizione contadina tutto può essere recuperato e abbellito».

Certo riempire tutto di orchidee sarebbe più facile, ma i costi di approvvigionamento, manutenzione e gestione sarebbero diversi. Gli chiedo se da ragazzo si sarebbe mai immaginato di lavorare in un cimitero. «No, a dire la verità pensavo che avrei girato per il mondo. E naturalmente c'è chi mi prende un po' in giro o fa gli scongiuri quando mi vede arrivare, ma gli amici più stretti sanno di poter contare su di me quando hanno qualche problema con il loro giardino o anche solo con le piante di casa». Mi mostra altre aiuole, create recuperando frammenti di fregi ornamentali andati distrutti durante le esumazioni. «Non sarebbe un peccato buttare via tutto quanto?». Concordo. Ma qual è la soddisfazione più grande, nel suo lavoro? «La soddisfazione più grande?», ripete. Ci pensa. Poi mi fa: «Sapere che la bellezza è inutile, ma indispensabile». Mi guardo attorno. Come dargli torto?

Poi comunque c'è anche chi benché non sia più bambino riesce a prendere la vita ancora come un gioco, il che a seconda dei casi può certo essere un pregio o un difetto, ma in definitiva è un privilegio per chi ce l'ha.

La cameretta

Dove dato che nel frattempo sono arrivati i figli, è stato necessario ricavare una stanza anche per loro.

Se le aree gioco sono un prolungamento esterno della cameretta dei bambini, la cosa implica l'esistenza della medesima. Ora, Torino dispone di svariate camerette: che cambiano con l'età di chi le abita e col mutare dei giochi. Sono camerette in fin dei conti gli asili nido e le sale prova, le scuole materne e i locali di lap dance, le università di tanto in tanto occupate e i centri anziani in cui in ogni anziano alberga dopotutto il celebre fanciullino di pascoliana memoria. Ma per generazioni di torinesi la cameretta era una sola, e corrispondeva al Bar Impera, che oggi non c'è più.

Per un motivo o per l'altro, al vecchio Bar Impera ci siamo stati tutti. O almeno tutti quelli che oggi hanno dai trent'anni in su. All'Impera andavano naturalmente i professionisti del biliardo, quelli che portavano la loro stecca in via Principe Amedeo nell'apposita custodia e poi scendevano giù per la scala stretta fino alla sala sotterranea con i loro grembiulini e il consueto corredo di manie assortite e riti scaramantici, sfidandosi alla Goriziana in partite non di rado lunghissime e in genere molto silenziose, intasando di fumo le volte sopra i tavoli verdi, tante isole illuminate nella semioscurità dalle luci violente dei neon. All'ingresso i baristi, gentilissimi, salutavano educatamente vecchi *aficionados* e nuovi adepti spesso dediti alla carambola, che da quelle parti si davano appuntamento portandosi negli occhi *Lo spaccone* interpretato da Paul Newman. Chi all'Impera metteva piede da esordiente era intimidito dai giocatori esperti e talvolta non osava nemmeno guardarli troppo apertamente, temendo di disturbarli. Più di tutto temeva però il contrario, ovvero che uno dei 'vecchi' lanciasse un'occhiata nella sua direzione proprio nel momento in cui toccava a lui colpire la palla bianca sul tappeto verde. Ma in genere non succedeva. I professionisti, concentrati com'erano sulla loro eterna partita destinata a rinnovarsi ogni pomeriggio per continuare in serata e poi fino a notte, ignoravano tutto ciò che stava loro intorno, e badavano a non distrarsi. Non facevano caso nemmeno ai ragazzini delle scuole, che fin dal primo anno delle superiori finivano immancabilmente per eleggere l'Impera come luogo ideale in cui rifugiarsi nei giorni in cui 'tagliavano' le lezioni. Grazie alla sua struttura il locale era infatti una sorta di bunker antiatomico: impossibile venire snidati proprio lì, a un passo dalla centralissima via Roma, sotto i cui portici c'era invece il rischio di imbattersi in un genitore o in un vicino di casa o in un parente, se non in un professore a spasso nella settimanale mattinata di libertà. Per i ragazzi che all'Impera si rifugiavano in queste occasioni, il bar già dotato di un paio di calciobalilla si era provvisto a un certo punto anche di videogiochi. E così si era venuto a creare un gran contrasto fra l'atmosfera d'altri tempi che si respirava attorno ai tavoli della Goriziana, dove per certi versi si sarebbe detto che il tempo s'era fermato, e lo smanettare un po' autistico degli adolescenti ipnotizzati dagli schermi dove esplodevano migliaia di pixel colorati. Che qualcuno dei giovanotti intenti a giocare a carambola passasse un giorno alla Goriziana rientrava bene o male nell'ordine delle possibilità. Ma che uno dei ragazzini potesse decidere un giorno di approfittare di quella capsula temporale che era l'Impera per mirare anziché alle astronavi di *Space Invaders* agli omini in fila indiana al centro del tavolo verde era pura fantascienza. Sia come sia: l'Impera era una vera e propria istituzione per i torinesi dai quattordici anni in su, e anche se dopo la fine delle superiori non ci si metteva più piede era bello sapere che l'Impera era lì: forse ci si sarebbe potuti rifugiare tra i suoi biliardi anche in caso di incidente nucleare, chissà. Solo che poi un giorno la saracinesca dell'Impera è rimasta giù, e poco dopo sono cominciati i lavori di ristrutturazione, e alla fine dei lavori al posto dei biliardi c'era una sala per il Bingo. E migliaia di torinesi di generazioni diverse si sono sentiti orfani. Poi anche la sala per il Bingo ha chiuso i battenti, e lì dove un tempo c'era l'Impera ha appena aperto La Bambola, night provvisto di ristorante inaugurato con le ballerine del Crazy Horse. E poi chissà. Sta di fatto che tutti noi passando per quel tratto di via Principe Amedeo continuiamo a essere convinti che ci sia il Bar Impera, anche se non c'è più.

Che poi c'è chi chiama biliardino il calciobalilla. Mah.

La piscina

Dove si aggiunge un ambiente che in «Torino è casa mia» non c'era, perché Torino è Torino, non è una città come un'altra, per cui in occasione delle Olimpiadi Invernali non ci siamo limitati a costruire l'Oval per il pattinaggio o a ristrutturare il Palazzo a Vela, ma abbiamo rimesso a nuovo proprio la piscina, nel caso gli sciatori desiderassero tuffarvisi.

A Torino la piscina è Monumentale, addirittura, e se ne sta al fondo di corso Galileo Ferraris, angolo via Filadelfia, ovvero a pochi passi da quello che sarebbe potuto/dovuto essere un altro monumento, lo Stadio Filadelfia, quello del Grande Torino, abbattuto e finora in attesa di ricostruzione: fermo restando che abbattere l'originale è stato un delitto. La Monumentale è degna del nome che porta: progettata dall'architetto Contardo Bonicelli in occasione dei Littoriali, è stata inaugurata nel 1933 insieme con lo Stadio Mussolini, poi Comunale, oggi Olimpico, ed è tra i maggiori esempi in città del Razionalismo architettonico d'epoca fascista. Restaurata a dovere in occasione delle Olimpiadi Invernali del 2006, la Monumentale richiede allenamento, muscoli e polmoni. In centro città c'è la piscina dell'Istituto San Giuseppe, per gli ex allievi il San Gip, ma francamente non c'è paragone. Alla

Monumentale ti senti veramente di fare qualcosa di monumentale, quando arrivi al termine delle vasche che sei stato capace di fare. Non dico Phelps, ma quasi. Perché trattandosi di vasche olimpioniche, per giunta monumentali, non finiscono più.

Sta di fatto che in qualsiasi piscina è fondamentale, oltre alla pulizia, l'acqua calda, o almeno tiepida. E a Torino da qualche tempo in qua sia le piscine sia le scuole come anche una percentuale notevole di abitazioni private e uffici pubblici sono riscaldate per mezzo del teleriscaldamento. A garantire quello di più della metà delle case torinesi pensa con i suoi colleghi il signor Costanzo Dao Ormena, capoturno della sala controllo della centrale elettrica di Moncalieri, sita al numero 1 di strada Feyilia Mezzi. È da lì che, in collaborazione con la centrale Iren di Torino Nord, il teleriscaldamento arriva nella nostra città. «Per l'esattezza, nelle abitazioni di 550.000 persone», sorride soddisfatto il signor Dao Ormena, che è qui dall'ormai lontano 1984. «Da ragazzo ho studiato da perito meccanico, e il mio primo impiego è stato alla Riv-Skf, dove mi occupavo di macchine utensili e cuscinetti a sfera. Tutto un altro settore, insomma. Poi però quell'azienda è entrata in crisi, e nel 1983 mi sono ritrovato come tanti altri in cassa integrazione. Quando ho saputo che qui c'era la possibilità di essere assunti dopo aver superato un concorso, mi sono presentato. E quando mi hanno preso, ho dovuto per così dire resettarmi. A un tratto, anziché produrre cuscinetti a sfera, ho imparato che si poteva produrre qualcosa di immateriale, l'energia». Quando andava a scuola, le macchine termiche non lo affascinavano più di tanto. «Sui libri non erano molto attraenti», ammette. «Ma poi ho scoperto che avevano un loro fascino». Mi spieghi. «Beh, ecco, da noi il prodotto finito non si vede. Ma c'è. Ed è fondamentale per il funzionamento della città, e per la qualità della vita dei suoi abitanti. Qui a Moncalieri ho fatto tutta la gavetta, e dagli anni Novanta a oggi ho visto cambiare un mondo. Pensi che quando sono arrivato la sala di controllo era sinottica. Sulle pareti erano disegnati gli strumenti e i collegamenti. Oggi invece è tutto informatizzato. Prima facevamo un lavoro manuale, ora ogni cosa passa per un clic. Certo a ciascuno di quei clic corrisponde una determinata quantità di vapore e acqua, e da parte mia posso dire che proprio l'esperienza accumulata in passato permette di comprenderlo meglio». L'impianto per il teleriscaldamento nella centrale di cogenerazione di Moncalieri, che con la sorella di Torino Nord produce complessivamente 300.000 tonnellate equivalenti petrolio o Tep, fa sì che Torino sia oggi la città più teleriscaldata d'Italia, e una delle più teleriscaldate in Europa. Dalle prime esperienze nel quartiere Vallette, risalenti agli anni Ottanta, un progresso notevole. «In concreto, significa che il risparmio di una simile quantità di Tep permette una riduzione annua di 134 tonnellate di ossidi di azoto, 400 tonnellate di ossidi di zolfo e 17 di polveri», mi spiega orgoglioso il signor Dao Ormena, che lavora su tre turni giornalieri, dalle 7 alle 15, dalle 15 alle 23 e dalle 23 alle 7, garantendo con i suoi colleghi un servizio di controllo della centrale per 365 giorni all'anno. «Il nostro compito è far sì che tutto rientri sempre nei parametri, se necessario con riduzioni di carico. L'obiettivo è non lasciare mai al freddo i cittadini. Lavoriamo suddivisi in sei squadre, ciascuna con un capoturno, due tecnici capounità in sala controllo e due operativi esterni per ogni gruppo cogenerativo. Controlliamo anche le centrali del Bit e del Politecnico, mentre Torino Nord fa riferimento a noi per l'erogazione del calore. In caso di guasti e criticità, facciamo affidamento su tecnici specialisti in automazione e strumentazione. Nel nostro lavoro dobbiamo prestare attenzione alle sfumature, ai particolari apparentemente insignificanti. Bisogna captare certe variazioni, sorvegliare i parametri. E anche qui l'esperienza aiuta: il gelo e il vento di questi giorni, per esempio, incidono sul funzionamento delle macchine». Naturalmente danno una mano anche i sistemi informatici, che dalle sale di controllo permettono di tenere sotto osservazione sia le centrali sia la rete. Ma in tutti questi anni qual è stato il momento più difficile? «Senza dubbio, l'alluvione del Duemila. Mai vista tanta acqua crescere di volume così rapidamente tutta assieme. Facevo il turno di notte e il livello dei fiumi si alzava a una velocità tale da darti una sensazione di impotenza. In realtà, malgrado la difficoltà della situazione siamo riusciti a garantire il servizio agli utenti, non solo in teoria ma anche in pratica. Diciamo che si è trattato di un bel test». E da come lo dice, si capisce che ancora oggi è davvero contento di aver contribuito a superarlo.

Si diceva all'inizio di questo capitolo, pardon, ambiente, dell'Oval e del Palazzo a Vela, rispettivamente progettati e ristrutturati da Arata Isosaki e Gae Aulenti: ecco, una cosa va pur detta sulla cosiddetta eredità olimpica e sul parallelo che si fece con Barcellona all'epoca in cui le Olimpiadi Invernali del 2006 vennero assegnate a Torino, ovvero che non poche tra le strutture edificate per la manifestazione languono deserte per gran parte del tempo quando addirittura non costituiscono un problema serissimo a causa dei costi di mantenimento, è il caso della pista da bob di Cesana Torinese, costata 100 milioni di euro e chiusa da anni, visto che mettere in funzione l'impianto di refrigerazione costa 400.000 euro per soli tre mesi. A Torino l'Oval ha avuto dopo il 2006 un utilizzo a dir poco saltuario, in occasione di concerti o di mostre, anche qui innanzitutto per via dei costi di gestione. Ed è un vero peccato che un simile gioiello architettonico non abbia trovato all'indomani dei Giochi una sua identità e una sua destinazione. Il che, ahimè, fa la differenza tra Torino e Barcellona.

Che poi basta andare a Porta Nuova e prendere un Frecciargento e scendere in Puglia a Polignano a Mare dove c'è la statua di Domenico Modugno che lì nacque e fece i primi passi prima di *Volare*, e si può fare il bagno in una specie di piscina naturale circondata da rocce anche altissime, e pazienza se partendo da Torino si è dimenticato l'asciugamano, basta il sole.

La palestra

Dove si accenna di sfuggita a un incidente occorso all'autore.

In molti ritengono erroneamente che la palestra di Torino sia il Valentino. Ora, per carità: il fatto che nel celebre parco si pratichino svariate attività sportive è sotto gli occhi di tutti. Al Valentino, complice la vicinanza del Po, c'è chi fa canottaggio e chi pratica il footing, chi gioca col frisbee e chi va in bicicletta, chi tira calci a un pallone e chi cerca di infilarlo in un canestro. Ma il luogo dove in assoluto i torinesi mettono alla prova il loro fisico è comunque Porta Palazzo. A Porta Palazzo, fateci caso, si corre come nemmeno alle Olimpiadi. Ci sono quelli che corrono a fare la spesa, quelli che corrono a prendere il tram, quelli che corrono dopo aver derubato o scippato qualcuno, quelli che corrono dietro a chi li ha appena derubati o scippati, quelli che corrono perché hanno visto la ronda mista di alpini e poliziotti e carabinieri e vigili di quartiere, quelli che corrono perché stanno scappando dai controlli dopo che questi li avevano sorpresi sul 4 senza biglietto, quelli che corrono ad accaparrarsi quel che rimane di commestibile sull'asfalto alla chiusura del mercato.

Poi c'è una palestra speciale, quella dell'Isokinetik, centro di riabilitazione dagli infortuni diretto dal dottor Fabrizio Tencone. Ecco, io che ho subito la frattura di una rotula e ci sono stato, posso dire che fanno miracoli. E questa non è una marchetta: è gratitudine.

E poi c'è una palestra straordinaria, proprio nel senso di fuori dall'ordinario, che è il Teatro della Caduta, microscopico teatrino al numero 9 di via Buniva ovvero in Vanchiglia, dove il martedì sera gli artisti hanno sette minuti a testa per presentare gli spettacoli che poi andranno in scena al Caffè della Caduta di via Bava oppure altrove, e il pubblico è autorizzato non solo a fischiare o applaudire ma anche a 'cadere' sul palco, ovvero a proporre qualcosa, si tratti di un monologo o di un numero acrobatico. E nella stanzetta minuscola che funge da camerino alle spalle del palco c'è sempre grande trepidazione tra chi deve esibirsi e aspetta il suo turno. E in cortile c'è chi ripassa le battute e chi indossa gli abiti di scena. E poi si va a bere al Caffè della Caduta, che per gli artisti che si sono esibiti è gratis. E poi ancora si torna a casa in bicicletta, più o meno ubriachi. Ma non solo d'alcol. E poi chissà.

Il garage

Dove si omette che l'incidente occorso all'autore è avvenuto per l'appunto in un garage; e non si dà più conto dell'epoca in cui il garage dei torinesi era all'aperto in piazzetta Reale, perché lo si era già scritto in «Torino è casa mia», se non ricordo male.

Per un breve ma intenso periodo della mia vita, ho suonato la batteria in una punk band denominata Ratones. Come tutte le formazioni alle prime armi, suonavamo cover. Ovviamente dei Ramones, ma anche dei Sex Pistols e dei Clash. Roba tipo *I don't wanna walk around with you* o *Pretty Vacant* o *Garageland*. Ah, e suonavamo anche qualcosa dei Green Day. E di Iggy Pop. E di Lou Reed. Insomma, pestavamo duro. E affittavamo sale prova: la Blu Musica, e altre che non ricordo. Fino a che un giorno, uno di noi non ci propose di suonare in un garage. Gratis, visto che era di un suo amico. Era un garage in un silos pieno di garage, dalle parti del Lingotto. E noi ci chiudevamo dentro, e suonavamo. E pestavamo duro. Ed eravamo convinti di divertirci, anche se come succede spesso litigavamo. Poi, una notte, alla fine delle prove, uscendo dal garage, ci siamo accorti che nel garage a fianco c'era una festa. Un dj sparava musica elettronica su un groviglio di corpi sudati e bevuti e impasticcati. Loro sì, avevano l'aria di divertirsi. Ora, non so se sia stata quella visione, o il fatto che dopo mesi e mesi di cover la sola canzone nostra si intitolasse *McChicken* perché il testo diceva semplicemente «McChicken, McChicken, McChicken», comunque poco dopo ci siamo sciolti. Addio Ratones. Ma se penso a Torino in relazione a un garage, ancora oggi per me il garage di Torino è quello. E non saprei nemmeno ritrovarlo.

Ad ogni modo, parlando del garage in *Torino è casa mia* saltava fuori piazza Castello. E dunque salta fuori anche qui. Se la sera arrivando da via Po passate per piazza Castello e non vi va di infilarvi nel budello alla vostra sinistra, lì dove all'epoca in cui venne creata l'odierna via Roma si decise di spostare provvisoriamente i negozi che si aprivano lungo l'asse interessato dai lavori, orbando sempre provvisoriamente i torinesi della vista sulla piazza dal lato del Caffè Mulassano e fino a quello che oggi si chiama Bar Blu, così da creare va da sé provvisoriamente una sorta di galleria che la sera da qualche anno a questa parte si trasforma spesso in un suk, potete sempre decidere di percorrere i portici alla vostra destra, e di arrivare dalle parti di Palazzo Reale toccando prima il Teatro Regio e poi la Prefettura e infine la Biblioteca Reale. Solo che andando di fretta, come spesso accade al nostro tempo, probabilmente non baderete all'uomo che piuttosto di frequente sceglie da anni di sedere nei pressi della cancellata del Regio per consumare la sua cena. È un uomo alto, che a un'occhiata rapida (perché non ci si sofferma a lungo, tirando dritto verso la propria meta) si nutre prevalentemente di panini. E che pur seduto, anzi quasi rannicchiato in una piega del tempio cittadino della lirica, si fa notare per via dei suoi abiti eccentrici, non di rado colorati, e però sempre indossati con eleganza e con uno stile che per una volta non pare una banalità da ufficio stampa definire inconfondibile. A partire dalle calze per finire al berretto, e passando naturalmente per i calzoni, la camicia, la maglia e la giacca. Parrebbero abiti smessi, pescati tra i rifiuti come facevano più di trent'anni fa i primi punk londinesi, o meglio in qualche centro di raccolta di quelli in cui oggi che in Italia va tutto benissimo anzi meglio che mai si recano di tanto in tanto anche persone cosiddette normali, appartenenti a quella che una volta era la famosa 'classe media'. E tuttavia, malgrado la rapidità con cui si riesce a cogliere l'insieme passando per quel punto di piazza Castello, non si può fare a meno di pensare di aver appena incrociato il barbone dal gusto più raffinato della città, a parte il fatto che non porta la barba e anzi è sempre perfettamente rasato, per cui suona senz'altro meglio chiamarlo clochard. Torino del resto lo dicevano già i Savoia arrivando in città per la prima volta da Chambery è una piccola Parigi, ma un clochard così elegante e dall'aria altrettanto educata e riservata, ovvero torinesissima però d'antan, i parigini francamente se lo sognano.

Già: Parigi. Parigi e i suoi caffè. Il Flore e il Select, e il Deux Magots la Palette. Beh, a Parigi ne hanno un mucchio, di caffè, però non hanno Mulassano. L'altro giorno ero seduto da Mulassano e malgrado stessi solo sorseggiando un cappuccino ho avuto una visione. Sarà che i cappuccini da Mulassano molto spesso li mette al mondo Paolo, barista come non ne fanno più. Sta di fatto che d'improvviso era come se fossi nella Torino degli anni Venti. Niente ragazze col taglio alla maschietta o giovanotti coi pantaloni alla zuava, questo no. Semplicemente, i chioschi edificati 'provvisoriamente' nel decennio successivo, quelli che trasformano i portici di una delle piazze più belle d'Italia in un budello francamente asfittico, non c'erano più. Erano spariti, come d'incanto. O come sarebbero dovuti sparire ottant'anni fa, visto che per l'appunto erano 'provvisori'. E la piazza, vista per una volta dal lato della Galleria Subalpina, era di una bellezza lancinante. Finalmente, vedevo le torri di Palazzo Madama. E, alle spalle di questo, il lato opposto della lunga teoria di portici. Niente più sensazioni claustrofobiche, tra l'imbocco di via Roma e quello di via Po. Addirittura porzioni di cielo. E raggi di sole. Poi, ho finito di sorseggiare il magico cappuccino. E mi sono ritrovato nella Torino di oggi. Va da sé che non ce l'ho con l'edicola che sta di fronte alla galleria medesima, e tanto meno col Toro Store o con gli altri esercizi, succedutisi a quelli che ottant'anni fa aprirono 'provvisoriamente' i battenti da queste parti. È solo che i chioschi di piazza Castello sono l'equivalente di un muro eretto lungo i portici di piazza San Marco a Venezia, o se preferite lungo quelli della nostra piazza Vittorio. Purtroppo ci si abitua a tutto, e noi ci siamo abituati a non godere della vista della piazza che è storicamente il cuore della nostra città. Non è un peccato? Certo, si può provare a rimediare col cappuccino di Paolo. Ma finito il cappuccino, finisce anche la magia.

Che poi da Mulassano uno ci porta la ragazza e quando le racconta del pulsante che bisogna premere per stabilire chi dei due paga la consumazione fa sempre bella figura. A meno che poi non tocchi pagare a lei. Ma dipende dalla ragazza.

Quello che manca

Dove arriva sempre la consapevolezza di aver omesso un'e-normità di cose, e ci si consola pensando a Walter Benjamin e al suo «Parigi capitale del XIX secolo», libro monumentale come la piscina di corso Gabriele Ferraris ma fatalmente in-compiuto.

E allora: manca naturalmente tutto quello che avevo già scritto in *Torino è casa mia*. In parte, perché quello era e non è cambiato: inutile ribadire qui chi ha progettato la stazione di Porta Nuova o chi nel corso della storia abbia frequentato il Caffè Fiorio. E in parte, perché è cambiato tanto al punto da essere scomparso: vedi i Gianduiotti di Giugiaro in piazza Solferino, o quel garage in stile liberty alla Crocetta. Mancano inoltre, al solito, tantissime cose: perché Torino è una città diversa a seconda di chi la vive e la osserva, di modo che oltre alla mia c'è anche la vostra. O meglio: ci sono le vostre. Siamo poco meno di un milione, da queste parti, perciò ci sono poco meno di un milione di città differenti. Manca quasi del tutto Vanchiglia, destinata secondo i si dice a prendere il posto che fu del Quadrilatero e che oggi è di San Salvario nella movida torinese: auguri! Mancano quartieri dove mi spingo raramente, e di certo mi perdo qualcosa. Ma prima o poi lo scoprirò, spero. Manca di sicuro lo stadio dell'altra squadra con relativo museo: anche perché non stanno a Torino, ma a Venaria. Per chi ancora ne fosse inspiegabilmente all'oscuro, infatti, Torino è stata e resterà granata.

Fine

Dove si azzardano le cosiddette considerazioni finali, altrimenti che fine sarebbe?

Torino, già prima capitale d'Italia e poi capitale dell'auto, è la città italiana che più ha saputo rinnovarsi nel corso degli ultimi lustri. Se oggi lo stabilimento Fiat di Mirafiori confina con gli Stati Uniti, il Brasile e la Cina, il resto della città si è aperto da tempo al resto del mondo. Il cambiamento, iniziato prima delle Olimpiadi Invernali del 2006, non ha tuttavia impedito a Torino di patire le conseguenze della recessione. Quanto alla qualità dell'aria, trovandosi al vertice della Pianura Padana, ossia di una delle zone più inquinate d'Europa, ed essendo in larga parte circondata da montagne, Torino è purtroppo tra i comuni in cui si respirano più polveri sottili d'Italia. Priva di quell'identità forte che la contrassegnava fino a tutti gli anni Ottanta del Novecento, oggi più che mai Torino è davvero quello che vuole uno degli stereotipi che la riguardano, ovvero una città-laboratorio. E forse proprio nell'assenza di un unico fattore caratterizzante si gioca la scommessa riguardante il suo futuro, tutt'ora aperta.

Sotto il tappeto

Dove bene o male si rimanda a quanto scritto in questo stesso capitolo nell'ultima edizione di «Torino è casa mia», perché le cose stanno più o meno sempre così e non avevo voglia di riscriverle.

Pierangela Guarneri è stata assunta in Amiat nel 1987, dopo sette anni di iscrizione al collocamento. «Prima avevo fatto più che altro la baby sitter, a parte i tre mesi in Comune in cui mi sono occupata di assistenza domiciliare. Ma la mattina in cui c'è stata la chiamata per sessantaquattro posti in Amiat, non ho avuto esitazioni: anche se avrei potuto fare il concorso per entrare in polizia, ho scelto la pulizia. Non mi andava di dovermi trasferire in un'altra città, come avrei dovuto fare se avessi portato l'uniforme». Avendo osservato il lavoro degli spazzini per strada, Pierangela pensava che quelle sarebbero state le sue mansioni. «Invece no. Prima ho dovuto passare una prova pratica, che consisteva nel raccogliere un tot di rifiuti in cinque minuti e dieci secondi. Poi mi hanno assegnata alla pulizia dei mercati rionali, un lavoro di équipe nel quale un mezzo con il ragno porta via le cassette e i resti della giornata. Dato che i mercati chiudono alle venti, il mio turno iniziava a quell'ora e finiva alle due, anche il sabato». Dopo qualche anno passato ai mercati di notte, spostata al turno del mattino, Pierangela ha scoperto un altro mondo: «Nata e cresciuta a Mirafiori, sono stata assegnata a Barriera di Milano con la mia Ape, per noi l'Apetta. In centro si lavorava ancora con il Ciao Porter, che a sua volta aveva sostituito le biciclette. Sia come sia, all'inizio non mi ci raccapezzavo». Quindi è venuto il periodo da raccoglitrice al seguito del camion compattatore. «Ero un jolly, quando mancava qualcuno toccava a me la sostituzione. E io, che sono appassionata di motori, auto, moto, Formula Uno, sognavo a occhi aperti il giorno in cui avrei guidato il camion. È stato mio marito Sergio a spronarmi perché prendessi la patente D: l'ho fatto, e poi ho presentato domanda al personale, che mi ha messa in graduatoria. Così, nel 1995, quando sono andati in pensione circa duecento colleghi, sono riuscita a diventare autista. Era il primo febbraio. E per me era un sogno che si realizzava». Peccato solo per l'introduzione del cambio automatico. «Con quello manuale, mi divertivo di più. Comunque: presto ho scoperto come fare l'autista di un compattatore con equipaggio sia durissimo, specie se bisogna ripulire il controviale di corso Regina Margherita. Allora c'era davvero il parcheggio selvaggio, con le auto lasciate in ogni dove, davanti ai bidoni, agli angoli delle strade». Al periodo in corso Regina Margherita ne segue un altro nella zona che fa capo a via Rio de Janeiro, e dunque tra corso Ferrucci e piazza Adriano. «Dopodiché ho chiesto una qualifica migliore: volevo essere assegnata al Crdm, Conduttori Reparto Mezzi Diversificati». È così che Pierangela ha imparato a guidare mezzi come il 'ragno', il Canal Jet per le foglie e le fontane o lo Stralis, il compattatore a caricamento laterale che guida oggi. «Sono da sette anni a Regio Parco, Circoscrizione 7, di cui conosco anche le formiche. Comincio alle 13 e stacco alle 20,12, cinque giorni la settimana. Devo raccogliere centodieci bidoni ogni giorno, il martedì, il giovedì e il sabato in certe vie e il lunedì, il mercoledì e il venerdì in certe altre. Ogni bidone può contenere fino a duemilaquattrocento litri. Faccio tutto in automatico, usando un joystick, e per le emergenze ho a disposizione un walkie talkie. In linea di massima non scendo mai dal mezzo, a meno che l'accesso al bidone non sia impedito da qualcosa che posso spostare da sola». Tra le esperienze più singolari, il recente raduno degli alpini. «Volevano offrirmi a tutti i costi un bicchiere di vino e pane e salame, e io a dirgli che stavo guidando e non potevo certo bere». Tra le cose più strane trovate in un bidone, invece, un motorino: «Ho subito bloccato il meccanismo, o avrei rovinato il compattatore». La città vista dal camion è una città dura: «Ci sono molte persone sole, soprattutto anziani. Conoscono gli orari del nostro passaggio, e ci aspettano affacciati alla finestra per salutarci. Poi ci sono i maleducati della movida, quelli che intorno a piazza Vittorio e lungo via Po vuotano la vescica sui bidoni o sui sacchi neri della spazzatura. E infine ci sono i barboni, che d'inverno dormono nei bidoni sdraiati su un pezzo di cartone perché la spazzatura produce calore». Su 2.010 dipendenti Amiat, 718 sono donne. Di queste, 616 si prendono cura della pulizia della nostra città. Come Pierangela, che qui mi pare giusto ringraziare.

Un'ultima cosa. Quando è uscito *Brucia la città*, più volte mi sono sentito chiedere come fosse possibile che l'autore di un libro come *Torino è casa mia* avesse scritto anche quel romanzo pieno di spazzatura. Da parte mia ho sempre risposto citando l'esempio dei Murazzi la domenica mattina: dove all'epoca se uno si limitava a guardare il panorama offerto dagli eleganti edifici di piazza Vittorio o dal verde della collina aveva una certa immagine della città, ma se abbassava gli occhi sul tappeto di rifiuti lasciati dalla notte precedente e apriva le narici per sentire l'odore di piscio poteva farsene un'altra. Non si trattava e non si tratta di due Torino distinte, ma di una sola, fatta di quelle due e di tante altre. L'importante è tenere gli occhi ben aperti, e non limitarsi a vedere solo quello che fa comodo vedere. Spero con questo libro di esserci riuscito, almeno in parte. In ogni caso vi ringrazio per essere arrivati fin qui.

Ringraziamenti

Grazie a Giulio Anselmi, Roberto Bellato, Guido Boffo, Cristina Caccia, Mario Calabresi, Flavio Corazza, Gabriele Ferraris, Andrea Malaguti, Beppe Minello, Stefania Miretti, Guido Tiberga, che nel corso degli anni mi hanno permesso di raccontare Torino sulle pagine cittadine del quotidiano «La Stampa», facendomi uscire di casa anche quando non ne avevo voglia e sollecitando i miei sensi: non fosse stato così, *Torino è casa mia* e *Torino è casa nostra* non sarebbero quello che sono.

Grazie a tutti i lettori di *Torino è casa mia*, che in moltissimi casi dopo averlo letto lo hanno regalato o usato come guida per accompagnare gli amici arrivati da fuori alla scoperta della città.

Grazie a Francesco, Elisa, Gabriella, Walter, Ada, Nuzzo, Pier Vittorio, Francesca, Marilena, Fabrizio, Graziano, Salvatore, Francesco, Tati, Johnny, Andrea, Ruggiero, Paola, Barbara, Federico, Francesco.

Annotazioni